Active Korean 1

서울대학교 언어교육원
Language Education Institute
Seoul National University

Workbook

TWO PONDS
|주| 투 판 즈

Preface 머리말

Active Korean 1 Workbook은 서울대학교 언어교육원이 개발한 단기 연수용 한국어 교재 시리즈 중 첫 번째 단계인 Active Korean 1의 보조 교재로서, 주 교재에서 학습한 내용의 연습 및 복습을 위해 개발되었다. 이 책은 주 교재에서 학습한 어휘 및 문법, 언어 기능별 연습을 보강하고 심화하여 실제 언어생활에서 유창하고 정확하게 한국어를 활용할 수 있도록 하는 데 주안점을 두었으며, 다음과 같은 특징을 지니고 있다.

첫째, 각 단원에서 학습한 어휘의 의미를 정확히 파악하고 적절하게 사용할 수 있도록 하기 위한 다양한 형태의 어휘 연습 문제가 포함되어 있다.

둘째, 주 교재에서 간단히 다루었던 주요 문법 연습이 좀 더 단계적으로 제시되어 해당 문법의 형태와 의미를 학습자가 내재화할 수 있도록 구성하였다. 또한 기초적인 형태 변화는 물론, 그 문법의 의미를 가장 적절히 제시하고 연습할 수 있는 다양한 유형의 문법 연습들이 포함되어 있다.

셋째, 목표 문형과 비슷한 의미나 형태를 지닌 문형들을 종합적으로 제시함으로써 나선형 학습을 통한 심화, 확장이 가능하도록 구성하였다.

넷째, 주 교재에서 다루었던 언어 기능별 연습을 보강하는 다양한 과제가 제공된다. 이를 통해 학습자는 듣기, 말하기, 읽기, 쓰기의 기능별 언어 능력을 강화하고 나아가 이들을 통합한 언어 사용 능력을 기를 수 있다.

다섯째, 다양한 형태의 연습이 풍부하게 제공되어 학습자의 수준이나 학습 상황에 따라 선택적인 활용이 가능하다. 또한 핵심 문법의 설명과, 오디오 CD 등이 포함되어 있어 독립적인 자율 학습 교재로도 활용될 수 있다.

이 책이 완성되기까지 오랜 기간에 걸쳐 집필 및 출판 과정에 헌신적으로 참여해 주신 교재개발 위원회 선생님들, 번역을 맡아 주신 한국어교육센터의 이소영 선생님의 노고에 이 자리를 빌려 깊은 감사를 드린다. 아울러 이 책이 출판되기까지 많은 도움을 주신 투판즈의 사장님과 편집진 여러분께도 감사의 마음을 전한다.

2010. 6.

손 창 용
서울대학교 언어교육원 원장

Active Korean 1 Workbook has been designed as a supplementary resource for Active Korean 1, the first volume in the Korean language textbook series developed for short-term study by the Language Education Institute of Seoul National University. This workbook is carefully coordinated to function as a review exercise for learners of what they have learned from the main textbook. The primary goal of this book is to develop learners' proficiency and help them communicate with greater fluency and accuracy in real-life situations through additional practices of vocabulary and grammar. The special features of this book are as follows:

First, this book provides vocabulary exercises in various forms in order to consolidate the understanding and application of material learned from the main textbook.

Second, the step-by-step flow of the grammar exercises provides learners with the opportunities to learn the structure in a meaningful way and make them possible to personalize the target grammar. In addition, the various exercises will ensure that learners grasp the meaning of grammar and apply it in appropriate ways while mastering the basic structural patterns.

Third, the workbook adopts a 'spiraled approach' - a comprehensive presentation of similar forms and meaning of the patterns from the main textbook. This promotes more effective and comprehensive learning of patterns.

Fourth, a wide range of tasks are employed to develop learners' proficiency with listening, speaking, reading, and writing. Through the tasks, learners will reinforce and promote competence to integrate all four skills.

Fifth, the forms and contents of the exercises are diversified and intensified so as to allow selective use according to learners' needs and situations. The Active Korean 1 Workbook also includes key grammar sections explained in English, and provides audio CD so that the workbook itself can be effectively used for self-study.

We wish to express our sincere gratitude to all the instructors from the Textbook Development Committee who dedicated their time and effort to this project. We also thank Ms. So Young Lee from the Korean Language Education Center for English translations. In addition, we would like to extend our gratitude to the CEO of TWOPONDS and his editorial staff for their generous support in having this volume published.

June 2010

Sohn, Chang Yong
Executive Director
Language Education Institute, Seoul National University

How to Use This Book 일러두기

This book consists of 9 units. Unit 1 is a preliminary lesson for Hangeul (Korean alphabet) which consists of various exercises such as writing, listening, and reading.
The other 8 units consist of the following sections.

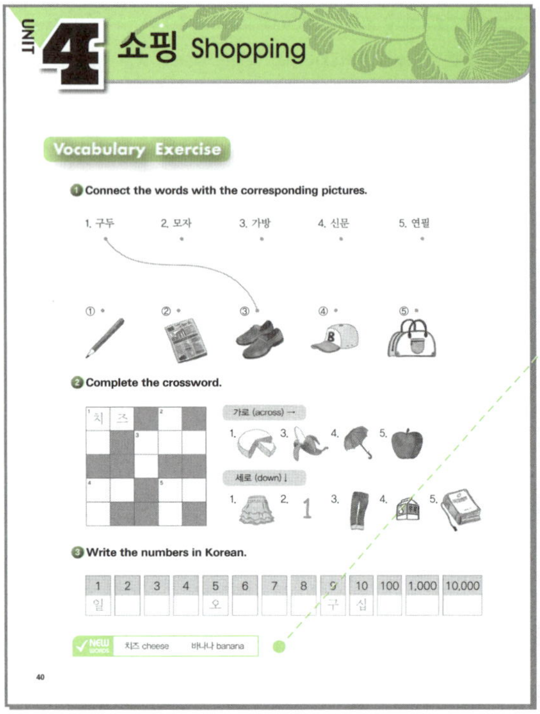

UNIT 4 쇼핑 Shopping

Vocabulary Exercise

1 Connect the words with the corresponding pictures.

1. 구두 2. 모자 3. 가방 4. 신문 5. 연필

① ② ③ ④ ⑤

2 Complete the crossword.

치 즈

가로 (across) → 1. 3. 4. 5.

세로 (down) ↓ 1. 2. 3. 4. 5.

3 Write the numbers in Korean.

1	2	3	4	5	6	7	8	9	10	100	1,000	10,000
일				오				구	십			

NEW WORDS 치즈 cheese 바나나 banana

40

Vocabulary Exercise

Various types of vocabulary exercises are provided to build vocabulary and expressions that relate to the topic of each unit.

New Words

New words which are not introduced in the main textbook are presented at the bottom of the page along with English translation.

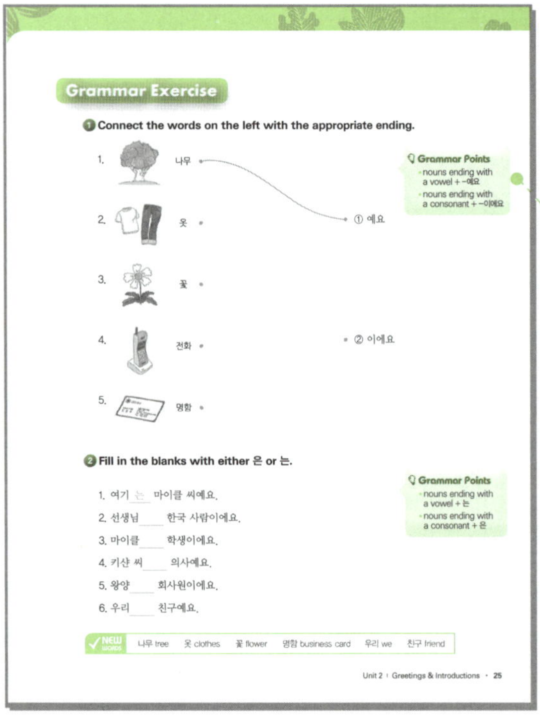

Grammar Exercise

1 Connect the words on the left with the appropriate ending.

1. 나무
2. 옷
3. 꽃
4. 전화
5. 명함

① 예요
② 이에요

Grammar Points
- nouns ending with a vowel + -예요
- nouns ending with a consonant + -이에요

2 Fill in the blanks with either 은 or 는.

1. 여기 는 마이클 씨예요.
2. 선생님 ___ 한국 사람이에요.
3. 마이클 ___ 학생이에요.
4. 키샤 씨 ___ 의사예요.
5. 왕양 ___ 회사원이에요.
6. 우리 ___ 친구예요.

Grammar Points
- nouns ending with a vowel + 는
- nouns ending with a consonant + 은

NEW WORDS 나무 tree 옷 clothes 꽃 flower 명함 business card 우리 we 친구 friend

Unit 2 · Greetings & Introductions · 25

Grammar Exercise

Step-by-step exercises in various forms are provided from sentence-level controlled practice to more complicated ones for the use of the structure in a communicative context. Throughout the exercises, learners can ensure successful acquisition of grammar learned from the main textbook.

Grammar Points

Brief explanations are provided for the structure and usage of the target grammar.

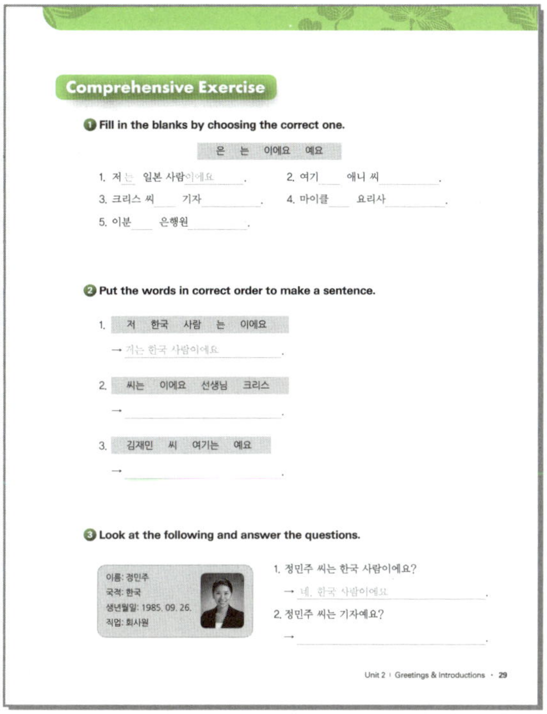
Comprehensive Exercise

❶ Fill in the blanks by choosing the correct one.

은 는 이에요 예요

1. 저 는 일본 사람 이에요 .
2. 여기 ___ 애니 씨 ______ .
3. 크리스 씨 ___ 기자 ______ .
4. 마이클 ___ 요리사 ______ .
5. 이분 ___ 은행원 ______ .

❷ Put the words in correct order to make a sentence.

1. 저 한국 사람 는 이에요
→ 저는 한국 사람이에요 .
2. 씨는 이에요 선생님 크리스
→ ______ .
3. 김재민 씨 여기는 예요
→ ______ .

❸ Look at the following and answer the questions.

이름: 정민주
국적: 한국
생년월일: 1985. 09. 26.
직업: 회사원

1. 정민주 씨는 한국 사람이에요?
→ 네, 한국 사람이에요 .
2. 정민주 씨는 기자예요?
→ ______ .

Unit 2 | Greetings & Introductions · 29

Comprehensive Exercise

A comprehensive review for each unit is available in this section. Through systematical exercise, learners have an opportunity to consolidate language by reviewing and relating with the grammar acquired from previous units. This can also serve as a self-assessment tool by both reorganizing what has been learned, and by checking achievements.

Systematic exercises of four skills - reading, writing, speaking, and listening - are included in the Comprehensive Exercise.

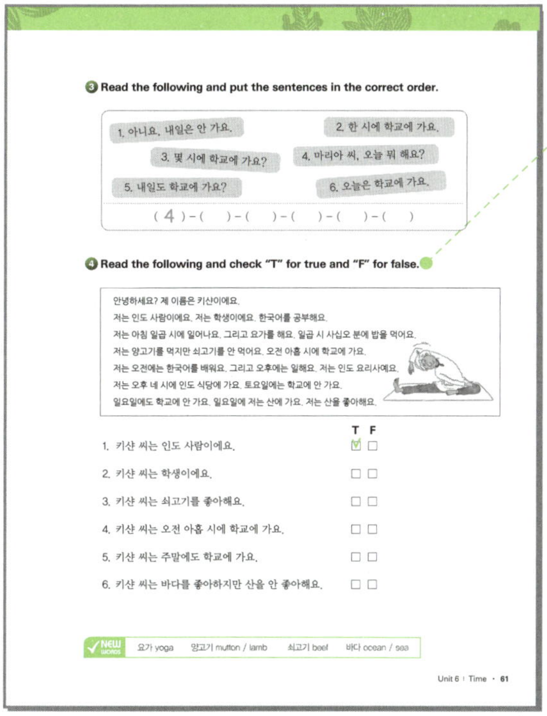
❸ Read the following and put the sentences in the correct order.

1. 아니요, 내일은 안 가요.
2. 한 시에 학교에 가요.
3. 몇 시에 학교에 가요?
4. 마리아 씨, 오늘 뭐 해요?
5. 내일도 학교에 가요?
6. 오늘은 학교에 가요.

(4) - ( ) - ( ) - ( ) - ( ) - ( )

❹ Read the following and check "T" for true and "F" for false.

안녕하세요? 제 이름은 키샨이에요.
저는 인도 사람이에요. 저는 학생이에요. 한국어를 공부해요.
저는 아침 일곱 시에 일어나요. 그리고 요가를 해요. 일곱 시 사십오 분에 밥을 먹어요.
저는 양고기를 먹지만 쇠고기를 안 먹어요. 오전 아홉 시에 학교에 가요.
저는 오전에는 한국어를 배워요. 그리고 오후에는 일해요. 저는 인도 요리사예요.
저는 오후 네 시에 인도 식당에 가요. 토요일에는 학교에 안 가요.
일요일에도 학교에 안 가요. 일요일에 저는 산에 가요. 저는 산을 좋아해요.

	T	F
1. 키샨 씨는 인도 사람이에요.	☑	☐
2. 키샨 씨는 학생이에요.	☐	☐
3. 키샨 씨는 쇠고기를 좋아해요.	☐	☐
4. 키샨 씨는 오전 아홉 시에 학교에 가요.	☐	☐
5. 키샨 씨는 주말에도 학교에 가요.	☐	☐
6. 키샨 씨는 바다를 좋아하지만 산을 안 좋아해요.	☐	☐

NEW WORDS: 요가 yoga 양고기 mutton / lamb 쇠고기 beef 바다 ocean / sea

Unit 6 | Time · 61

Reading

Numerous types of text, presented in an interesting context, are provided for reading practice.

How to Use This Book 일러두기

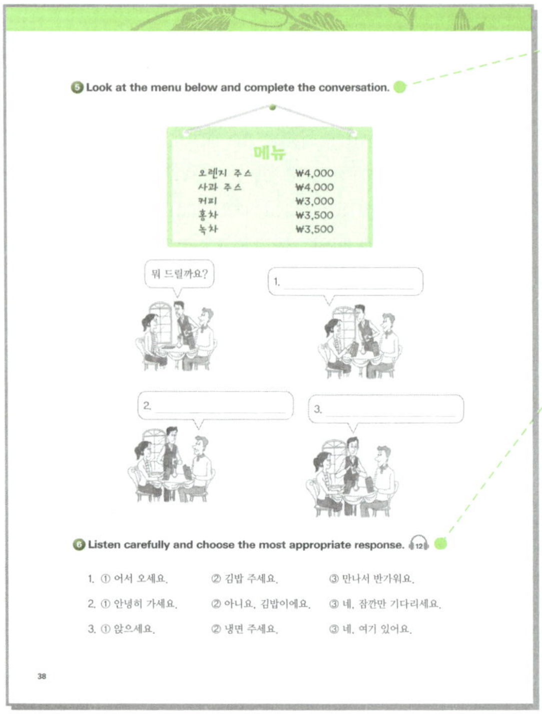

Look at the menu below and complete the conversation.

메뉴
오렌지 주스 ₩4,000
사과 주스 ₩4,000
커피 ₩3,000
홍차 ₩3,500
녹차 ₩3,500

뭐 드릴까요?
1.
2.
3.

Listen carefully and choose the most appropriate response. 12

1. ① 어서 오세요. ② 김밥 주세요. ③ 만나서 반가워요.
2. ① 안녕히 가세요. ② 아니요, 김밥이에요. ③ 네, 잠깐만 기다리세요.
3. ① 앉으세요. ② 냉면 주세요. ③ 네, 여기 있어요.

38

Speaking

Practice in reconstructing conversations learned from the main textbook and applying them to a new given situation promotes and strengthens learners' speaking abilities.

Listening

Various types of listening exercises based on realistic 'daily-life' language are provided to give learners confidence in listening.

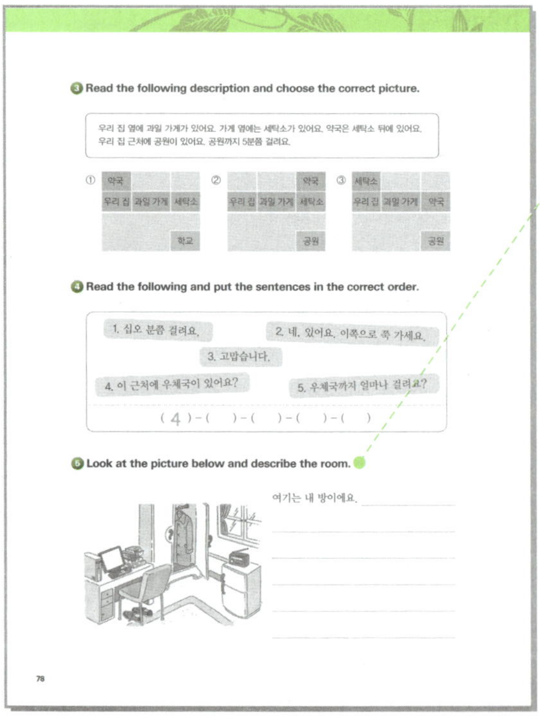

Read the following description and choose the correct picture.

우리 집 옆에 과일 가게가 있어요. 가게 옆에는 세탁소가 있어요. 약국은 세탁소 뒤에 있어요.
우리 집 근처에 공원이 있어요. 공원까지 5분쯤 걸려요.

① 약국 / 우리 집 / 과일 가게 / 세탁소 / 학교
② 약국 / 우리 집 / 과일 가게 / 세탁소 / 공원
③ 세탁소 / 우리 집 / 과일 가게 / 약국 / 공원

Read the following and put the sentences in the correct order.

1. 십오 분쯤 걸려요.
2. 네, 있어요. 이쪽으로 쭉 가세요.
3. 고맙습니다.
4. 이 근처에 우체국이 있어요?
5. 우체국까지 얼마나 걸려요?

(4) - (   ) - (   ) - (   ) - (   )

Look at the picture below and describe the room.

여기는 내 방이에요.

78

Writing

Various types of writing tasks will help learners improve their writing skills.

Abbreviations in the book

N	noun	A	adjective
V	verb	S	sentence

Contents 차례

UNIT 1 한글 Hangeul

Hangeul 1

1 Write the following syllables.

아	아			
어	어			
오	오			
우	우			
으	으			

야	야			
여	여			
요	요			
유	유			
이	이			

2 Read the following.

아 야 어 여 오 요 우 유 으 이

3 Read the following words.

이 아우 유아 우아 여유

4 Write the following words.

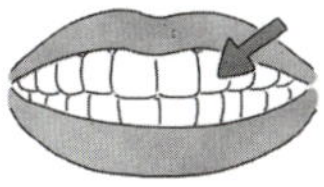

이	이				

아	우	아	우				

유	아	유	아				

5 Listen and write the syllables you hear. 2

1. ....

2. ....

3. ....

4. ....

5. ....

6 Find and circle the following words in the puzzles.

1. 아이 우유 여유 오이

이	으	야	요	아
으	어	여	이	야
우	아	으	유	요
유	야	어	오	이

2. 여우 이유 아우 유아

유	아	오	요	으
야	어	으	이	여
아	오	유	어	우
어	우	요	오	야

Hangeul 2

1 Combine the vowels and consonants below.

	ㅏ	ㅑ	ㅓ	ㅕ	ㅗ	ㅛ	ㅜ	ㅠ	ㅡ	ㅣ
ㄱ			거					규		
ㄴ						뇨	누			
ㄷ		댜		뎌						
ㄹ					로				르	
ㅁ	마								므	
ㅂ			버					뷰		
ㅅ					소					시
ㅇ	아			여						
ㅈ		쟈					주			
ㅎ						효				히

2 Read the following.

가 나 다 라 마 바 사 아 자 하

3 Read the following words.

거미 다리 바구니 사자 소나무 하마

4 Write the following words.

거 미

다 리

바 구 니

사 자

소 나 무

하 마

❺ Write the following words.

가	요

나	라

도	로

미	소

다	리	미

부	모

야	구

여	자

지	도

주	머	니

유	리

오	후

노	루

하	나

드	라	마

6 Listen and complete the words. 3

1. 나 ☐
2. 다 ☐
3. ☐ 수
4. ☐ 다
5. 라 ☐ 오

7 Find and circle the following words in the box below.

가구 구두 바지 나무

비	나	너	어	가	사	즈
바	여	무	아	호	구	라
구	죠	기	자	바	지	오
두	보	이	슈	두	수	버

Hangeul 3

1 Read the following.

가 까 카　　다 따 타　　바 빠 파　　사 싸　　자 짜 차

2 Read the following words.

커피　　코트　　타조　　아빠　　파도　　치즈

3 Write the following words.

	커	피	커	피				
	코	트	코	트				
	타	조	타	조				
	아	빠	아	빠				
	파	도	파	도				
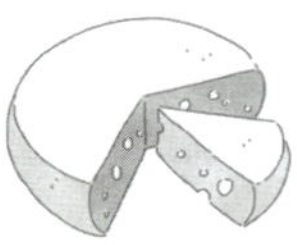	치	즈	치	즈				

4 Write the following words.

꼬	리		토	끼		뽀	뽀		우	표		허	리	띠
가	짜		버	찌		쓰	다		기	초		아	저	씨
파	리		차	이		크	다		스	키		토	마	토

5 Listen and complete the words. 4

1.
도	

2.
가	

3.
	마

4.
	피

5.
도		리

6 Find and circle the following words in the box below.

커피 까치 피아노 뿌리

쿠	마	타	까	호	꼬	뿌
파	커	부	도	치	쓰	리
미	피	기	피	아	노	오
두	보	파	슈	쁘	수	씨

Hangeul 4

1 **Read the following.**

애 얘 에 예 와 왜 외 워 웨 위 의

2 **Read the following words.**

매미 화가 쇠고기 의자 쥐 모래

3 **Write the following words.**

매	미	매	미				

화	가	화	가				

쇠	고	기	쇠	고	기			

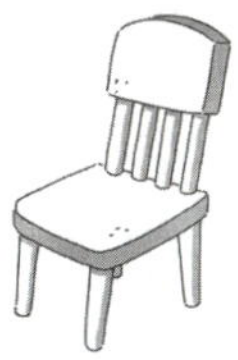

의	자	의	자				

쥐	쥐				

모	래	모	래				

❹ Write the following words.

세	계

가	재

애

제	주	도

채	소

과	제

궤	도

왜

수	세	미

화	가

회	의

추	위

뒤

더	워	요

위	치

5 Listen and complete the words. 🎧5

1.
바	

2.
사	

3.
	사

4.
	마	개

5.
추		요

6 Find and circle the following words in the box below.

시계 개미 웨이터 회사

쿠	게	재	도	시	놔	보
다	회	사	키	웨	계	프
미	래	쥬	이	모	이	위
뉘	애	터	슈	뽀	개	미

Hangeul 5

1 Read the following.

악 앜 앆   안   앋 앗 앚 앛 앝 앟 았   알   암   압 앞   앙

2 Read the following words.

수박   레몬   부엌   도서관   바람   공   꽃   연필   택시   장갑   옷

3 Write the following words.

수	박	수	박				

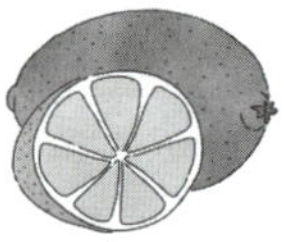

레	몬	레	몬				

부	엌	부	엌				

도	서	관	도	서	관			

바	람	바	람				

공	공				

꽃	꽃				

연	필	연	필				

택	시	택	시				

장	갑	장	갑				

옷	옷				

4 Write the following words.

저	녁	낚	시	논	문	빗	다	자	동	차

돛	대

바	깥

교	실

딸	기

숟	가	락

김	치

일	곱

무	릎

병	원

컴	퓨	터

5 Listen to the sound and circle all words in the box below that have the same final sound. 6

1. 중 손 공 달 문

2. 강 박 학 삽 잎

3. 신 박 샘 논 몸

4. 입 곳 밭 짚 닻

6 Listen and complete the words. 7

1. | 소 | |
|---|---|

2. | 사 | |
|---|---|

3. | | 니 |
|---|---|

4. | | 기 |
|---|---|

5. | 토 | 요 | |
|---|---|---|

7 Find and circle the following words in the box below.

1. 지붕 사막 공책 통나무

지	바	실	란	노	통	종	키
친	붕	통	사	상	조	나	은
말	솔	막	공	책	몰	랑	무
소	니	돌	까	도	베	포	잡

2. 도서관 밥통 눈물 바람

장	밥	빈	도	몸	그	종	신	홍	토	미
박	통	서	토	뭐	티	왠	바	람	추	선
살	관	라	상	미	콕	미	들	서	쿠	비
잔	동	용	하	눈	물	유	각	관	고	부

UNIT 2 인사와 소개 Greetings & Introductions

Vocabulary Exercise

1 Connect the words on the left with the corresponding pictures.

1. 의사 • — • ① 

2. 회사원 • — • ② 

3. 학생 • — • ③ 

4. 선생님 • — • ④ 

2 Look at the pictures below and complete the words.

1. 

기	자

2. 

전	

3. 

	람

4. 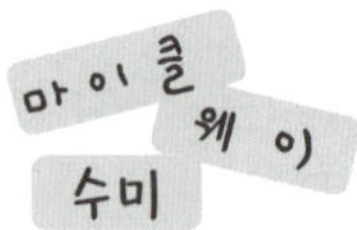

이	

5. 

은		원

6. 

		사

Grammar Exercise

1 Connect the words on the left with the appropriate ending.

1.  나무 •
2.  옷 •
3.  꽃 •
4.  전화 •
5.  명함 •

• ① 예요

• ② 이에요

> **Grammar Points**
> - nouns ending with a vowel + -예요
> - nouns ending with a consonant + -이에요

2 Fill in the blanks with either 은 or 는.

1. 여기 는 마이클 씨예요.
2. 선생님 ____ 한국 사람이에요.
3. 마이클 ____ 학생이에요.
4. 키샨 씨 ____ 의사예요.
5. 왕양 ____ 회사원이에요.
6. 우리 ____ 친구예요.

> **Grammar Points**
> - nouns ending with a vowel + 는
> - nouns ending with a consonant + 은

NEW WORDS 나무 tree 옷 clothes 꽃 flower 명함 business card 우리 we 친구 friend

❸ Look at the pictures below and complete the sentences.

1. 저는 애니예요 .
   학생이에요 .

애니
(학생)

2. 저는 ____________ .
   ____________ .

크리스
(선생님)

3. 저는 ____________ .
   ____________ .

김재민
(회사원)

4. 저는 ____________ .
   ____________ .

미사코
(간호사)

5. 저는 ____________ .
   ____________ .

키샤
(요리사)

❹ Look at the pictures below and complete the sentences.

1. 여기는 애니 씨예요 .
   애니 씨는 학생이에요 .

애니
(학생)

2. 여기는 ____________ .
   안나 씨는 ____________ .

안나
(요리사)

Grammar Points
The speaker can use '여기', referring to those who are younger than or at the same level as himself.

NEW WORDS	간호사 nurse

3. 여기는 ______________________.

마이클 씨는 ______________________.

마이클
(기자)

4. 여기는 ______________________.

웨이 씨는 ______________________.

웨이
(은행원)

5. 여기는 ______________________.

수미 씨는 ______________________.

수미
(회사원)

❺ Look at the pictures below and complete each dialogue.

1. A 애니 씨는 미국 사람이에요 ?

B 네, 미국 사람이에요.

애니
(미국 사람)

2. A 키샨 씨는 ______________________ ?

B 네, 인도 사람이에요.

키샨
(인도 사람)

3. A 미사코 씨는 ______________________ ?

B 네, 간호사예요.

미사코
(간호사)

4. A 웨이 씨는 ______________________ ?

B 네, 은행원이에요.

웨이
(은행원)

5. A 재민 씨는 ______________________ ?

B 네, 회사원이에요.

재민
(회사원)

Grammar Points

When using the '–이에요/예요' pattern, just raising the intonation at the end without any change in word order makes the sentence a question.

❻ Look at the pictures below and complete each dialogue.

> **Grammar Points**
> For questions using 'N–이에요 / 예요?' patterns, you answer using '네' or '아니요'.

1. A 애니 씨는 미국 사람이에요?

   B 네, 미국 사람이에요 ________________.

   A 선생님이에요?

   B 아니요, 학생이에요 ________________.

애니 (미국, 학생)

2. A 웨이 씨는 중국 사람이에요?

   B ________________.

   A 은행원이에요?

   B ________________.

웨이 (중국, 은행원)

3. A 안나 씨는 영국 사람이에요?

   B ________________.

   A 간호사예요?

   B ________________.

안나 (프랑스, 요리사)

4. A 김재민 씨는 중국 사람이에요?

   B ________________.

   A 학생이에요?

   B ________________.

김재민 (한국, 회사원)

5. A 다나카 씨는 일본 사람이에요?

   B ________________.

   A 은행원이에요?

   B ________________.

다나카 (일본, 은행원)

Comprehensive Exercise

1 Fill in the blanks by choosing the correct one.

은　는　이에요　예요

1. 저 는 일본 사람 이에요 .
2. 여기 _____ 애니 씨 _____ .
3. 크리스 씨 _____ 기자 _____ .
4. 마이클 _____ 요리사 _____ .
5. 이분 _____ 은행원 _____ .

2 Put the words in correct order to make a sentence.

1. 저　한국　사람　는　이에요

→ 저는 한국 사람이에요 .

2. 씨는　이에요　선생님　크리스

→ _____ .

3. 김재민　씨　여기는　예요

→ _____ .

3 Look at the following and answer the questions.

이름: 정민주
국적: 한국
생년월일: 1985. 09. 26.
직업: 회사원

1. 정민주 씨는 한국 사람이에요?

→ 네, 한국 사람이에요 .

2. 정민주 씨는 기자예요?

→ _____ .

이름: 벤 포스터
국적: 영국
생년월일: 1979. 10. 05.
직업: 선생님

3. 벤 포스터 씨는 미국 사람이에요?

→ ______________________.

4. 벤 포스터 씨는 선생님이에요?

→ ______________________.

4 Listen to each question and choose the most appropriate response. 8

1. ① 안녕하세요? ② 안녕히 계세요. ③ 안녕히 가세요.
2. ① 만나서 반가워요. ② 네, 로버트 씨예요. ③ 아니요, 회사원이에요.
3. ① 저는 미사코예요. ② 저는 은행원이에요. ③ 저는 일본 사람이에요.

5 Listen and connect the number with the correct picture. 9

1. •

2. •

3. •

• ①

• ②

• ③

6 Listen and connect each person with the correct picture. 10

1. 애니 2. 마이클 3. 미사코 4. 로버트 5. 양양

① 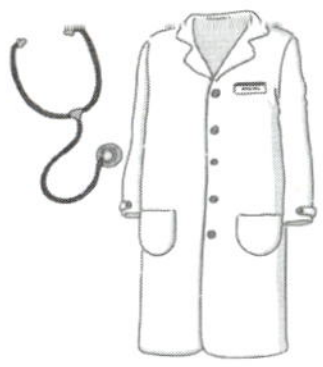

② 

③ 

④ 

⑤ 

7 Listen and write down the information you hear. 11

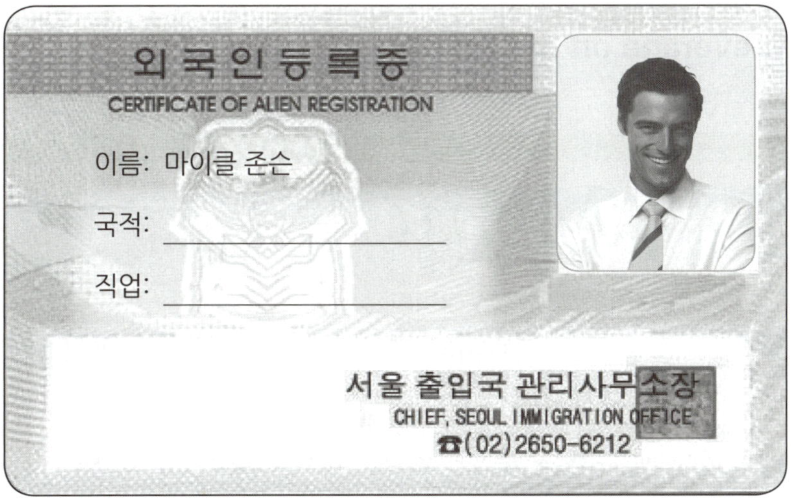

외국인등록증
CERTIFICATE OF ALIEN REGISTRATION

이름: 마이클 존슨

국적: ____________________

직업: ____________________

서울 출입국 관리사무소장
CHIEF, SEOUL IMMIGRATION OFFICE
☎(02)2650-6212

UNIT 3 식당 Restaurant

Vocabulary Exercise

1 Write the name of the food in the blank.

1.  비빔밥

2. 

3. 

4. 

2 Write the name of beverage on the menu.

Menu

1.	우유	milk	₩2,500
2.	______	orange juice	₩4,000
3.	______	cola	₩1,800
4.	______	green tea	₩3,000
5.	______	coffee	₩3,000

Grammar Exercise

❶ Look at the pictures below and complete the sentences.

1. 공부하세요 ________.

공부하다

2. ________.

일하다

3. ________.

읽다

4. ________.

앉다

5. ________.

보다

Grammar Points

'–(으)세요' is used to make requests, suggestions, or commands politely.

- verb stems ending with a vowel + –세요
- verb stems ending with a consonant + –으세요

❷ Look at the pictures below and complete the sentences.

1. 메뉴 주세요 ________.

메뉴

2. ________.

물

3. ________.

커피

4. ________.

숟가락

5. ________.

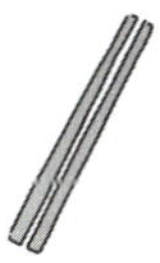

젓가락

Grammar Points

Adding '주세요' after N means requesting N for the speaker.

NEW WORDS

공부하다 to study	일하다 to work	보다 to see / to watch / to look
숟가락 spoon	젓가락 chopsticks	

❸ Count the items in the picture and write down the number in Korean.

1. 

한 개

2. 

______ 개

3. 

______ 개

4. 

______ 개

5. 

______ 개

6. 

______ 개

7. 

______ 개

Grammar Points

'병, 개, 잔' are counting units. When numbers and counting units are used together, numbers take the forms '한, 두, 세, 네'.

❹ Look at the pictures below and complete the sentences.

1. 커피 한 잔 주세요.

커피

2. ______ 주세요.

우유

3. ______ 주세요.

빵

4. ______ 주세요.

콜라

5. ______ 주세요.

햄버거

5 Look at the pictures below and complete the sentences.

1. 커피 한 잔하고 홍차 한 잔 주세요.

커피 + 홍차

2. ______________________ 주세요.

햄버거 + 콜라

3. ______________________ 주세요.

빵 + 주스

4. ______________________ 주세요.

녹차 + 우유

5. ______________________ 주세요.

사과 + 오렌지

Grammar Points

'하고' is used to connect two nouns with the meaning 'and'.

Comprehensive Exercise

1 Put the words in correct order to make a sentence.

1. 하나　주세요　사과

→ ....

2. 주세요　더　김치　좀

→ ....

3. 잔　한　주스　주세요

→ ....

2 Choose the correct word from the box and complete the conversation.

뭐　좀　여기　여기요

A 뭐 드릴까요?

B 김밥 하나, 라면 둘 주세요.

A 네.

* * *

B .... 김치 ...... 더 주세요.

A 네, 잠깐만 기다리세요.

3 **The following is a conversation between a customer and a server in a restaurant. Put the sentences in the correct order.**

1. 네, 잠깐만 기다리세요.

2. 비빔밥하고 냉면 주세요.

3. 여기요. 물 좀 더 주세요.

4. 어서 오세요. 뭐 드릴까요?

5. 네, 여기 있어요.

(4) – (   ) – (1) – (   ) – (   )

4 **What did the customer order? Read and connect the corresponding pictures.**

1. 커피 한 잔하고 오렌지 주스 한 잔 주세요. • • ①

2. 비빔밥 셋하고 콜라 한 병 주세요. • • ②

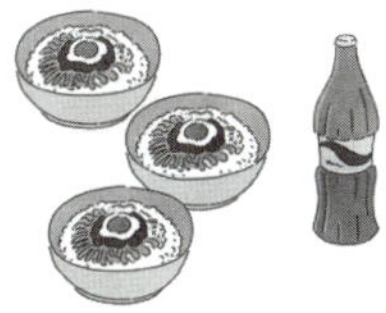

3. 라면 둘하고 김밥 셋 주세요. • • ③

4. 녹차 두 잔하고 콜라 한 잔 주세요. • • ④

5. 커피 세 잔하고 녹차 두 잔 주세요. • • ⑤

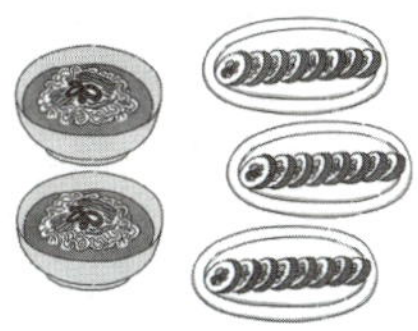

5 Look at the menu below and complete the conversation.

메뉴

오렌지 주스	₩4,000
사과 주스	₩4,000
커피	₩3,000
홍차	₩3,500
녹차	₩3,500

6 Listen carefully and choose the most appropriate response. 12

1. ① 어서 오세요. ② 김밥 주세요. ③ 만나서 반가워요.

2. ① 안녕히 가세요. ② 아니요, 김밥이에요. ③ 네, 잠깐만 기다리세요.

3. ① 앉으세요. ② 냉면 주세요. ③ 네, 여기 있어요.

7 Listen to the conversation and answer the following questions. 13

1. Where does this conversation take place? Choose the correct picture.

① 

② 

③ 

2. What did the customer order?

①

주 문 서

메 뉴	수량
냉면	1
콜라	2

②

주 문 서

메 뉴	수량
냉면	2
콜라	2

③

주 문 서

메 뉴	수량
냉면	2
콜라	1

UNIT 4

쇼핑 Shopping

Vocabulary Exercise

1 Connect the words with the corresponding pictures.

1. 구두 ● 2. 모자 ● 3. 가방 ● 4. 신문 ● 5. 연필 ●

① ● 

② ● 

③ ● 

④ ● 

⑤ ● 

2 Complete the crossword.

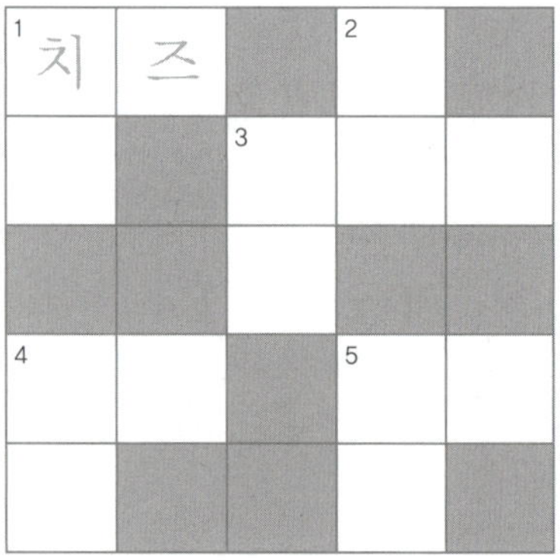

가로 (across) →

1.  3.  4.  5. 

세로 (down) ↓

1.  2. 1 3.  4. 

5. 

3 Write the numbers in Korean.

1	2	3	4	5	6	7	8	9	10	100	1,000	10,000
일				오				구	십			

NEW WORDS | 치즈 cheese | 바나나 banana

Grammar Exercise

❶ Circle the correct one.

1. 신문 이 / 가 있어요.
2. 카메라 이 / 가 없어요.
3. 담배 이 / 가 있어요.
4. 공책 이 / 가 없어요.
5. 돈 이 / 가 있어요.
6. 모자 이 / 가 없어요.

Grammar Points
- nouns ending with a vowel + 가
- nouns ending with a consonant + 이

❷ Look at the pictures below and complete each dialogue.

1. A 우산이 있어요 ?
   B 네, 있어요 .

O

   A 우산이 있어요 ?
   B 아니요, 없어요 .

X

2. A ______________ ?
   B 네, ______________ .

O

3. A ______________ ?
   B 아니요, ______________ .

X

4. A ______________ ?
   B 네, ______________ .

O

5. A ______________ ?
   B 아니요, ______________ .

X

Grammar Points
'N이/가 있어요' means the subject has N, and 'N이/가 없어요' means the subject doesn't have N.

③ Look at the pictures and fill in the blanks with 이거, 그거 or 저거.

Grammar Points

- pointing at the thing close to the speaker → 이거
- pointing at the thing close to the listener → 그거
- pointing at the thing away from both the speaker and the listener → 저거

④ Look at the pictures below and complete each dialogue.

1. A 이거는 연필이에요?

   B 네, 연필이에요 .

   A 이거는 연필이에요?

   B 아니요, 볼펜이에요 .

2. A 저거는 구두예요?

   B ________________ .

3. A 저거는 치마예요?

   B ________________ .

4. A 그거는 가방이에요?

   B ________________ .

5. A 그거는 공책이에요?

   B ________________ .

5 Look at the pictures below and complete each dialogue.

1. A 이거는 뭐예요 ?

   B 사전이에요 .

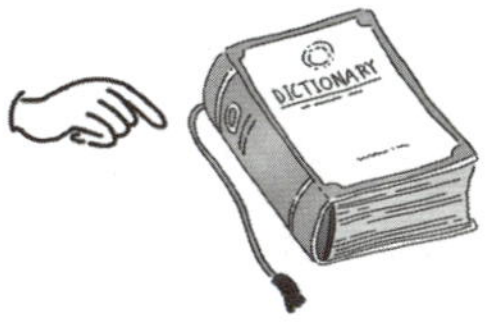

사전

2. A ______________________ ?

   B ______________________ .

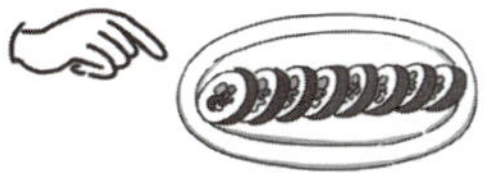

김밥

3. A ______________________ ?

   B ______________________ .

커피

4. A ______________________ ?

   B ______________________ .

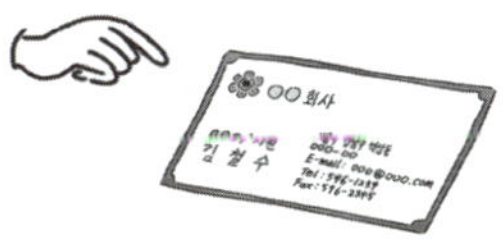

명함

5. A ______________________ ?

   B ______________________ .

휴대 전화

6 Write the price of each item in Korean.

1. 

800원

팔백 원

2. 

3,700원

______________ 원

3. 

2,500원

______________ 원

4. 

16,000원

______________ 원

5. 

49,000원

______________ 원

7 Look at the pictures below and complete each dialogue.

1. A 이 모자 얼마예요 ?
   B 만 원이에요 .

모자 10,000원

2. A .... ?
   B ....

신문 700원

3. A .... ?
   B ....

볼펜 2,000원

4. A .... ?
   B ....

담배 3,000원

5. A .... ?
   B ....

바지 34,000원

8 Look at the pictures below and complete each dialogue.

1. A 저 모자는 얼마예요 ?
   B 이만 원이에요 .

모자 20,000원

2. A .... ?
   B ....

치마 60,000원

3. A .... ?
   B ....

가방 40,000원

4. A .... ?
   B ....

구두 73,000원

5. A .... ?
   B ....

카메라 99,000원

Comprehensive Exercise

1 Put the words in the correct order to make a sentence.

1. 오만 원 이에요 모두 이천

→ .

2. 마이클 사람은 씨 저 예요

→ .

3. 볼펜은 그 이에요 원 오백

→ .

4. 이 주세요 연필 개 한

→ .

5. 얼마예요 한 사과 개 에

→ ?

2 Mark "O" if the sentences below match the picture and mark "X" if not.

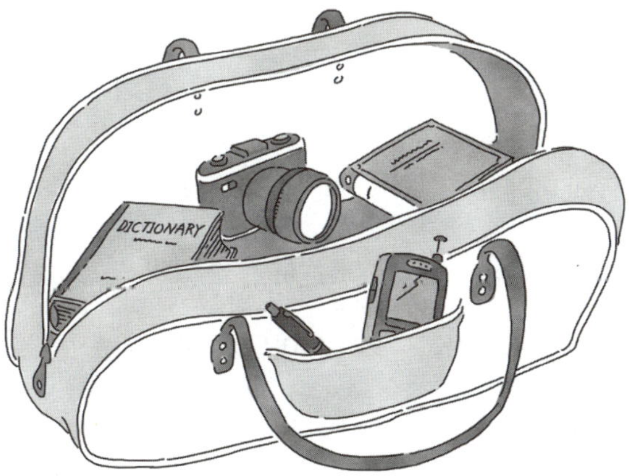

1. 우산이 있어요. (X)
2. 책이 있어요. ( )
3. 카메라가 없어요. ( )
4. 사전이 없어요. ( )
5. 볼펜이 있어요. ( )
6. 휴대 전화가 없어요. ( )

❸ Look at the pictures below and complete the sentences.

1. 사과는 한 개 에 천 원이에요 .  1,000원

2. 빵은 ________ 에 ____________________ .  900원

3. 커피는 ________ 에 ____________________ .  3,000원

4. 맥주는 ________ 에 ____________________ .  2,700원

❹ Connect each dialogue with the correct picture.

1. **A** 저거는 뭐예요?
   B 저거는 우산이에요.

2. **A** 그거는 뭐예요?
   B 이거는 우산이에요.

3. **A** 이거는 뭐예요?
   B 이거는 우산이에요.

①

②

③

❺ Check the correct response.

1. 공책이 있어요?	☐ 네, 공책이에요.	☑ 네, 있어요.
2. 이 시계 얼마예요?	☐ 삼만 원이에요.	☐ 삼만 원 있어요.
3. 이거는 사전이에요?	☐ 저거는 사전이에요.	☐ 아니요, 책이에요.
4. 저 모자 하나에 얼마예요?	☐ 저 모자 주세요.	☐ 이만 원이에요.
5. 저 책은 한국어 책이에요?	☐ 네, 이거는 책이에요.	☐ 네, 저거는 한국어 책이에요.

6 **The following is a conversation between a customer and a sales person in a shop. Put the sentences in the correct order.**

1. 여기 있어요.
2. 어서 오세요.
3. 삼만 원이에요.
4. 이 가방 얼마예요?
5. 그럼 이 가방 하나 주세요.

(2) – (   ) – (   ) – (   ) – (   )

7 **Listen to each question and choose the most appropriate response.** 14

1. ① 세 개예요. ② 네, 있어요. ③ 만 원이에요.
2. ① 네, 있어요. ② 너무 비싸요 ③ 만 원이에요.
3. ① 네, 있어요. ② 이천 원 있어요. ③ 아니요, 오렌지예요.

8 **Listen and write down the price of each item in numerals.** 15

1. 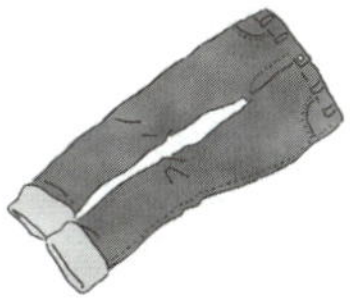

______ 원

2. 

______ 원

3. 

______ 원

9 **Where does each conversation take place? Listen to the conversations and connect the number with the corresponding pictures.** 16

1. • 2. • 3. •

① • 

② • 

③ • 

UNIT 5

일상생활 Daily Life

Vocabulary Exercise

1 Connect the words with the corresponding pictures.

1. 학교 2. 공원 3. 시장 4. 병원 5. 식당

①  ②  ③  ④  ⑤ 

2 Look at the pictures below and complete the words.

1. 

포	도

2. 

영	

3. 

	구

4. 

	기

5. 

날	

6. 

		도

3 Connect the verbs with the corresponding pictures.

1. 마시다 2. 먹다 3. 입다 4. 공부하다 5. 사다

①  ②  ③  ④  ⑤ 

Grammar Exercise

1 Fill in the table using '-아요/어요'.

1. 사다 → 사요	2. 먹다 →
3. 좋아하다 →	4. 읽다 →
5. 싸다 →	6. 보다 →
7. 재미있다 →	8. 마시다 →
9. 배우다 →	10. 따뜻하다 →

Grammar Points

'-아요/어요' are casual sentence endings and make present tense verbs and adjectives.

- verb or adjective stem's last vowels ending with 'ㅏ' or 'ㅗ' + -아요
- verbs or adjectives ending with '하다', 하다 → 해요
- In all other cases, add '-어요'

2 Fill in the blanks with either 을 or 를.

1. 저는 사과(를) 먹어요.
2. 애니 씨는 물( ) 마셔요.
3. 마이클 씨는 책( ) 사요.
4. 재민 씨는 태권도( ) 배워요.
5. 미사코 씨는 일본어( ) 가르쳐요.

Grammar Points

- nouns ending with a vowel + 를
- nouns ending with a consonant + 을

3 Look at the picture and describe what each person is doing.

1. 바나나를 먹어요.
2. .
3. .
4. .

4 Look at the pictures below and complete each dialogue.

1. A 지금 뭐 해요?
   B 밥을 먹어요 .

2. A 지금 뭐 해요?
   B ....

3. A 지금 뭐 해요?
   B ....

4. A 지금 뭐 해요?
   B ....

5. A 지금 뭐 해요?
   B ....

5 Look at the pictures below and complete each dialogue.

1. A 어디에 가요?
   B 집에 가요 .

2. A 어디에 가요?
   B ....

3. A 어디에 가요?
   B ....

4. A 어디에 가요?
   B ....

5. A 어디에 가요?
   B ....

Grammar Points

To show the destination, '에' is added after the place.

6 Look at the pictures below and complete each dialogue.

1. A 오늘 영화를 봐요?
   B 아니요, 안 봐요 ________.

2. A 오늘 친구를 만나요?
   B ________.

3. A 내일 태권도를 배워요?
   B ________.

4. A 오늘 옷을 사요?
   B ________.

5. A 내일 한국어를 공부해요?
   B ________.

Grammar Points

The negating adverb '안' comes before a verb or an adjective and marks negation.

7 Look at the pictures below and complete the sentences.

1. 바나나가 싸요 ________.

싸다

2. 책 ________.

재미있다

3. 김치 ________.

맛있다

4. 날씨 ________.

좋다

5. 길 ________.

복잡하다

Grammar Points

- nouns ending with a vowel + 가
- nouns ending with a consonant + 이

8 Look at the pictures below and complete each sentence.

> **Grammar Points**
> '그리고' is used to link two sentences on an equal basis.

1.  + 

→ 미사코 씨는 영화를 봐요. 그리고 집에 가요.

2.  + 

→ 크리스 씨는 ________. ________.

3.  + 

→ 애니 씨는 ________. ________.

4.  + 

→ 키샨 씨는 ________. ________.

5.  + 

→ 웨이 씨는 ________. ________.

Comprehensive Exercise

1 Fill in the blanks with the correct one.

을	를	이	가	에

1. 키샨 씨는 지금 학교(에) 가요.
2. 애니 씨는 오늘 옷(   ) 사요.
3. 마이클 씨는 태권도(   ) 배워요.
4. 김치(   ) 맛있어요.
5. 불고기(   ) 좋아해요.
6. 오늘 미사코 씨는 학교(   ) 와요.

2 Connect the question on the left with the most appropriate response.

1. 어디에 가요? •
2. 날씨가 따뜻해요? •
3. 커피를 좋아해요? •
4. 지금 뭐 해요? •
5. 한국어를 공부해요? •

• ① 한국어를 공부해요.
• ② 네, 좋아해요.
• ③ 아니요, 공부 안 해요.
• ④ 시장에 가요.
• ⑤ 네, 따뜻해요.

3 Change the verbs using '–아요/어요' as shown in the example.

저는 오늘 학교에 1. 가요 (가다). 그리고 한국어를 2. ________ (배우다).

한국어 공부가 3. ________ (재미있다). 애니 씨는 오늘 도서관에 4. ________ (가다).

책을 5. ________ (읽다). 재민 씨는 극장에 가요. 영화를 6. ________ (보다).

4 **Read the following and mark "O" if the statement is true and "X" if the statement is false.**

이름: 이민수　　직업: 회사원

1 고기를 먹어요?	☑ 네	☐ 아니요
2 햄버거를 좋아해요?	☐ 네	☑ 아니요
3 맥주를 마셔요?	☑ 네	☐ 아니요
4 산에 가요?	☐ 네	☑ 아니요
5 운동해요?	☑ 네	☐ 아니요

1. 이민수 씨는 학생이에요. (　　)
2. 이민수 씨는 산에 가요. (　　)
3. 이민수 씨는 운동을 안 해요. (　　)
4. 이민수 씨는 햄버거를 안 좋아해요. (　　)

5 **Look at the pictures and complete the story.**

저는 크리스예요.

저는 ________________.

↓

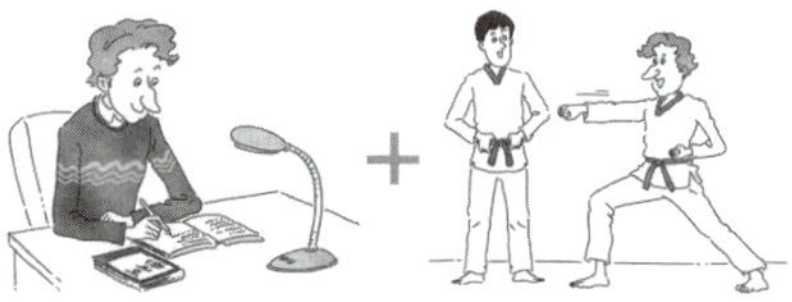

저는 한국어를 공부해요.

그리고 ________________.

↓

저는 여자 친구가 있어요.

오늘 ________________.

↓

우리는 ________________.

영화가 ________________.

NEW WORDS | 여자 친구 girl friend

6 Listen to each question and choose the most appropriate response. 17

1. ① 네, 쉬어요. ② 병원에 가요. ③ 아니요, 산에 가요.
2. ① 식당에서 먹어요. ② 네, 친구가 있어요. ③ 아니요, 안 만나요.
3. ① 포도를 사요. ② 네, 좋아해요. ③ 아니요, 없어요.

7 Listen and connect each person with the correct picture. 18

1. 애니 • • ① 

2. 미사코 • • ② 

3. 수지 • • ③ 

8 Listen to the conversation and answer the following questions. 19

1. 크리스 씨는 오늘 뭐 해요? ______________________________.

2. 웨이 씨는 오늘 뭐 해요? ______________________________.

UNIT 6 시간 Time

Vocabulary Exercise

1 Complete the days in the blanks.

Sunday	Monday	Tuesday	Wednesday	Thursday	Friday	Saturday
일요일	1.	2.	수요일	3.	4.	5.

2 Connect the words on the left with the appropriate pictures.

1. 만나다
2. 일어나다
3. 자다
4. 샤워하다
5. 일하다

①

②

③

④

⑤

Grammar Exercise

1 Look at the pictures below and complete each dialogue.

1. A 지금 몇 시예요?
   B 한 시예요 ....

2. A 지금 몇 시예요?
   B ....

3. A 지금 몇 시예요?
   B ....

4. A 지금 몇 시예요?
   B ....

5. A 지금 몇 시예요?
   B ....

Grammar Points

When telling time, use the number system of '한, 두, 세, 네,...' for the hours, and use '일, 이, 삼, 사,...' for the minutes.

2 Look at the pictures below and complete each dialogue.

1. A 오늘은 무슨 요일이에요?
   B 수요일이에요 ....

2. A 오늘은 무슨 요일이에요?
   B ....

3. A 오늘은 무슨 요일이에요?
   B ....

Grammar Points

월요일 – Monday
화요일 – Tuesday
수요일 – Wednesday
목요일 – Thursday
금요일 – Friday
토요일 – Saturday
일요일 – Sunday

❸ Look at the pictures below and complete each dialogue.

Daily Schedule

9:00	학교
2:00	수영
5:15	애니
7:30	영어
10:20	집

1. A 몇 시에 학교에 가요?
   B 아홉 시에 학교에 가요 .
2. A 몇 시에 애니 씨를 만나요?
   B ______ .
3. A 몇 시에 수영을 배워요?
   B ______ .
4. A 몇 시에 영어를 가르쳐요?
   B ______ .
5. A 몇 시에 집에 가요?
   B ______ .

Grammar Points
The particle '에' follows nouns which indicate time.

❹ Look at the pictures below and complete each dialogue.

7월 JULY

일요일	월요일	화요일	수요일	목요일	금요일	토요일
1 쇼핑	2 한국어	3 병원	4	5 한국어	6 태권도	7 영화

1. A 무슨 요일에 쇼핑을 해요?
   B 일요일에 쇼핑을 해요 .
2. A 무슨 요일에 태권도를 배워요?
   B ______ .

3. A 무슨 요일에 영화를 봐요?

B ______________________________.

4. A 무슨 요일에 병원에 가요?

B ______________________________.

5. A 무슨 요일에 한국어를 공부해요?

B ______________________________.

❺ Look at the pictures below and complete each dialogue.

1. A 백화점이 좋아요?

B 좋지만 비싸요 . (좋다 / 비싸다)

2. A 불고기가 비싸요?

B ______________________. (비싸다 / 맛있다)

3. A 시장이 복잡해요?

B ______________________. (복잡하다 / 싸다)

4. A 바나나가 싸요?

B ______________________. (싸다 / 맛없다)

5. A 태권도가 힘들어요?

B ______________________. (힘들다 / 재미있다)

Grammar Points

When two sentences show contrast in content, they can be connected by adding '–지만' to the stem of the verb or adjective of the preceding sentence.

NEW WORDS 힘들다 hard

Comprehensive Exercise

1 Fill in the blanks by choosing the correct word.

몇 무슨 뭐

1. (뭐) 드릴까요?
2. 사과를 ( ) 개 사요?
3. 오늘은 ( ) 요일이에요?
4. 지금 ( ) 시예요?
5. ( ) 주스를 좋아해요?
6. 이름이 ( )예요?

2 Write an appropriate question for each response.

1. A 오늘은 무슨 요일이에요 ?
   B 오늘은 수요일이에요.
2. A ______________________ ?
   B 두 시 삼십오 분이에요.
3. A ______________________ ?
   B 화요일에 수영을 배워요.
4. A ______________________ ?
   B 여덟 시쯤에 밥을 먹어요.
5. A ______________________ ?
   B 오늘은 학교에 가요.

❸ Read the following and put the sentences in the correct order.

1. 아니요, 내일은 안 가요.

2. 한 시에 학교에 가요.

3. 몇 시에 학교에 가요?

4. 마리아 씨, 오늘 뭐 해요?

5. 내일도 학교에 가요?

6. 오늘은 학교에 가요.

(4) – (   ) – (   ) – (   ) – (   ) – (   )

❹ Read the following and check "T" for true and "F" for false.

안녕하세요? 제 이름은 키샨이에요.
저는 인도 사람이에요. 저는 학생이에요. 한국어를 공부해요.
저는 아침 일곱 시에 일어나요. 그리고 요가를 해요. 일곱 시 사십오 분에 밥을 먹어요.
저는 양고기를 먹지만 쇠고기를 안 먹어요. 오전 아홉 시에 학교에 가요.
저는 오전에는 한국어를 배워요. 그리고 오후에는 일해요. 저는 인도 요리사예요.
저는 오후 네 시에 인도 식당에 가요. 토요일에는 학교에 안 가요.
일요일에도 학교에 안 가요. 일요일에 저는 산에 가요. 저는 산을 좋아해요.

	T	F
1. 키샨 씨는 인도 사람이에요.	☑	☐
2. 키샨 씨는 학생이에요.	☐	☐
3. 키샨 씨는 쇠고기를 좋아해요.	☐	☐
4. 키샨 씨는 오전 아홉 시에 학교에 가요.	☐	☐
5. 키샨 씨는 주말에도 학교에 가요.	☐	☐
6. 키샨 씨는 바다를 좋아하지만 산을 안 좋아해요.	☐	☐

NEW WORDS 요가 yoga 양고기 mutton / lamb 쇠고기 beef 바다 ocean / sea

5 Look at the pictures below and write the daily routine.

나는 여섯 시에 일어나요.

6 Listen to each dialogue and choose the correct picture. 20

1. ①  ② 

2. ①  ② 

3. ①  ② 

4. ①  ② 

5. ①  ② 

6. ①  ② 

7 Listen to each dialogue and match with the correct picture. (21)

1.  •	• ① 11:00 p.m.
2.  •	• ② 06:30 a.m.
3.  •	• ③ 09:00 p.m.
4.  •	• ④ 07:20 a.m.
5.  •	• ⑤ 08:45 a.m.

8 Listen carefully and check the correct answer. (22)

1. □ 두 시예요. □ 두 시에 가요.
2. □ 네, 배워요. □ 화요일에 배워요.
3. □ 네, 토요일에는 가요. □ 네, 토요일에도 가요.
4. □ 오늘은 목요일이에요. □ 오늘은 친구를 만나요.
5. □ 여섯 시쯤에 일어나요. □ 여섯 시에요.

UNIT **7**

약속 Appointment

Vocabulary Exercise

❶ Connect the words on the left with the corresponding pictures.

1. 시험 •	• ① 
2. 도서관 •	• ② 
3. 커피숍 •	• ③ 
4. 생일 •	• ④ 
5. 극장 •	• ⑤ 

❷ Connect the phrase with an appropriate word.

1. 약속이 •	• ① 보다
2. 시험을 •	• ② 있다
3. 시간이 •	

❸ Complete the crossword.

1 시	간		2		3
			4		
5			6		
		8			9
				7	

가로 (across) →

1. 내일은  이 없어요.

2. 나는  를 배워요.

5. 미사코 씨는  사람이에요.

6. 나는  를 두 개 사요.

7.  은 한 개에 35,000원이에요.

세로 (down) ↓

1. 내일은  을 봐요.

3. 애니 씨는  에 가요.

4. 키샨 씨는  예요.

5. 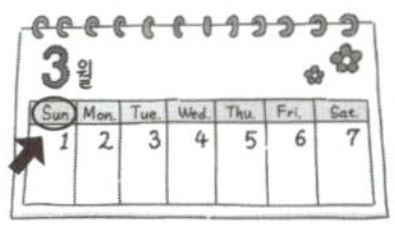

에 학교에 안 가요.

8. 마이클 씨는  에 숙제해요.

9. 금요일에  에 가요.

Grammar Exercise

1 **Look at the pictures below and complete each dialogue.**

1. A 어디에 갈까요 ?
   B 산에 가요.

2. A 언제 ______ ?
   B 일요일에 만나요.

3. A 몇 시에 영화를 ______ ?
   B 3시에 봐요.

4. A 무슨 책을 ______ ?
   B 한국어 책을 읽어요.

5. A 뭘 ______ ?
   B 냉면을 먹어요.

Grammar Points

'-(으)ㄹ까요?' is used for suggestions.

- verb stems ending with a vowel + -ㄹ까요?
- verb stems ending with a consonant + -을까요?

2 **Look at the pictures below and complete each dialogue.**

1. A 오늘이 며칠이에요?
   B 오월 십오 일이에요 .

2. A 오늘이 며칠이에요?
   B ______ .

3. A 오늘이 며칠이에요?
   B ______ .

4. A 오늘이 며칠이에요?
   B ______ .

Grammar Points

In Korean, when giving dates, the month comes first and then the date follows. For dates, we use the number system '일, 이, 삼, 사,⋯'.

3 **Look at the pictures below and complete each dialogue.**

9월						
일	월	화	수	목	금	토
		1	2	3 생일	4	5
6	7 시험	8	9 파티	10	11	12
13	14	15	16	17	18 추석	19
20	21	22	23	24	25	26 이사
27	28	29	30			

1. **A** 생일이 언제예요?
   B 구월 삼 일이에요 ________________.

2. **A** 시험이 언제예요?
   B ________________.

3. **A** 파티가 언제예요?
   B ________________.

4. **A** 추석이 언제예요?
   B ________________.

5. **A** 이사가 언제예요?
   B ________________.

NEW WORDS 이사 move

④ Change the verbs using '-았/었어요' as shown in the example.

1. 가다	→	갔어요	2. 공부하다	→	
3. 만나다	→		4. 운동하다	→	
5. 마시다	→		6. 읽다	→	
7. 배우다	→		8. 보다	→	
9. 가르치다	→		10. 오다	→	

Grammar Points

Adding '-았어요/었어요' to the stem of a verb or an adjective makes it past tense.

- verb or adjective stem's last vowels ending with 'ㅏ' or 'ㅗ' + -았어요
- verbs or adjectives ending with '하다', 하다 → 했어요
- In all other cases, add '-었어요'

⑤ Look at the pictures below and write the correct response for each question.

애니

키샨

재민

웨이

미사코

1. 애니 씨는 어제 뭘 했어요? → 공부했어요 .
2. 키샨 씨는 어제 뭘 했어요? → ________________ .
3. 재민 씨는 어제 뭘 했어요? → ________________ .
4. 웨이 씨는 어제 뭘 했어요? → ________________ .
5. 미사코 씨는 어제 뭘 했어요? → ________________ .

Comprehensive Exercise

1 Complete the sentences using 에 or 에서.

1. 이 사과 한 개(　　　) 얼마예요?
2. 나는 어제 산(　　　) 갔어요.
3. 두 시(　　　) 학교 앞(　　　) 만나요.
4. 주말(　　　) 뭐 했어요?
5. 나는 어제 극장(　　　) 영화를 봤어요.

2 Connect the question on the left with the correct response.

1. 언제 만날까요? •	• ① 6월 1일이에요.
2. 내일 시간이 있어요? •	• ② 3시는 안 돼요.
3. 오늘이 며칠이에요? •	• ③ 아니요, 없어요.
4. 3시에 만날까요? •	• ④ 5월 7일에 만나요.
5. 지금 몇 시예요? •	• ⑤ 3시예요.

3 Rewrite the numerals in Korean.

1. 12시예요. → 열두 시예요 .
2. 사과 4개 주세요. → ____________ .
3. 이 빵은 500원이에요. → ____________ .
4. 8시 30분에 만날까요? → ____________ ?
5. 오늘은 10월 7일이에요. → ____________ .

❹ Read the following and put the sentences in the correct order.

1. 미안해요. 내일은 바빠요.
2. 아니요, 안 봤어요.
3. 그럼 내일 영화 볼까요?
4. 토요일은 괜찮아요.
5. 영화 '집으로' 봤어요?
6. 그럼 토요일은 어때요?

(5) – (   ) – (   ) – (   ) – (   ) – (   )

❺ Read the following and check "T" for true and "F" for false.

12월 13일 금요일 날씨: ☼
오늘은 마르코 씨 생일이에요. 7시에 마르코 씨 집에서 생일 파티를 했어요.
마르코 씨 집에 친구들이 많이 왔어요. 나는 5시에 친구들을 시장에서 만났어요.
우리는 시장에서 생일 선물을 샀어요. 왕양 씨는 꽃가게에서 꽃을 샀어요. 그리고 음료수를 샀어요.
마이클 씨는 한국어 사전을 샀어요. 키샨 씨는 한국 드라마 DVD를 두 개 샀어요.
나는 한국 노래 CD를 샀어요. 마르코 씨는 한국 노래 CD가 없어요.
크리스 씨는 가게에서 수첩을 샀어요. 그리고 달력을 샀어요.
미나 씨는 딸기 케이크를 만들었어요. 딸기 케이크가 아주 맛있었어요.
우리는 생일 선물을 주었어요. 마르코 씨는 선물을 아주 좋아했어요.
나는 집에 밤 11시에 왔어요. 조금 피곤했지만 아주 재미있었어요.

	T	F
1. 마르코 씨 집에서 숙제를 했어요.	☐	☐
2. 마르코 씨 생일은 12월 13일이에요.	☐	☐
3. 미나 씨는 빵집에서 케이크를 샀어요.	☐	☐
4. 크리스 씨는 마이클 씨 집에 안 왔어요.	☐	☐
5. 밤 11시에 생일 파티를 했어요.	☐	☐

NEW WORDS

미안하다 sorry	들 plural marker	많이 many / much	선물 gift	꽃가게 flower shop
음료수 beverage	드라마 drama	가게 shop	수첩 diary	달력 calendar
케이크 cake	밤 night	피곤하다 tired	딸기 strawberry	만들다 to make
조금 a little	노래 song	빵집 bakery	숙제 homework	

6 Listen and check the date as shown in the example. (23)

1.

						3월
일	월	화	수	목	금	토
		1	2	3	4	5
6	7	8	9	10	11	(12)
13	14	15	16	17	18	19
20	21	22	23	24	25	26
27	28	29	30	31		

2.

						월
일	월	화	수	목	금	토
		1	2	3	4	5
6	7	8	9	10	11	12
13	14	15	16	17	18	19
20	21	22	23	24	25	26
27	28	29	30	31		

3.

						월
일	월	화	수	목	금	토
		1	2	3	4	5
6	7	8	9	10	11	12
13	14	15	16	17	18	19
20	21	22	23	24	25	26
27	28	29	30			

4.

						월
일	월	화	수	목	금	토
		1	2	3	4	5
6	7	8	9	10	11	12
13	14	15	16	17	18	19
20	21	22	23	24	25	26
27	28	29	30	31		

5.

						월
일	월	화	수	목	금	토
		1	2	3	4	5
6	7	8	9	10	11	12
13	14	15	16	17	18	19
20	21	22	23	24	25	26
27	28	29	30			

6.

						월
일	월	화	수	목	금	토
		1	2	3	4	5
6	7	8	9	10	11	12
13	14	15	16	17	18	19
20	21	22	23	24	25	26
27	28	29	30	31		

7 Listen and connect each number with the correct place. (24)

1. • 2. • 3. • 4. • 5. •

① •

② •

③ •

④ •

⑤ •

8 The following is Mina's diary. Listen and write down her schedule. (25)

12월

11일 (월)

12일 (화)

13일 (수) 1. 재민 씨(~~11~~시 → ______ 시)

14일 (목)

15일 (금)

16일 (토) 병원 (10시)

17일 (일) 2. 마이클
(______ 시에 ______ 에서)

UNIT

8 위치와 방향 Locations & Directions

Vocabulary Exercise

1 Look at the pictures and write the words in Korean.

 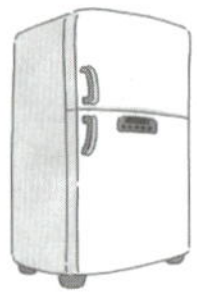   

1. 책상
2. ....
3. ....
4. ....
5. ....

2 Check the word that has no connection with the other three.

1. 오렌지 사과 연필 ✓ 바나나
2. 소파 은행 책상 침대
3. 병원 세탁소 우체국 시계
4. 코트 가게 바지 치마
5. 칠판 책상 의자 생선

3 Where is the ball? Choose the word that best fits the picture.

뒤	아래	안	앞	옆	위

1. 위

2. ....

3. ....

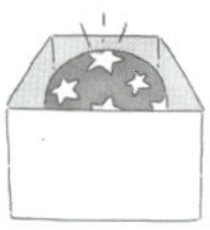

4. ....

5. ....

6. ....

NEW WORDS: 칠판 board

Grammar Exercise

1 Look at the pictures below and complete each dialogue.

1. A 교실에 텔레비전이 있어요?

   B 아니요, 교실에 텔레비전이 없어요 .

2. A 집에 컴퓨터가 있어요?

   B 네, ...

3. A 방에 냉장고가 있이요?

   B 아니요, ...

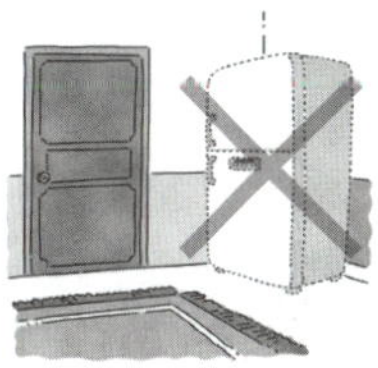

4. A 사무실에 소파가 있어요?

   B 아니요, ...

5. A 냉장고에 우유가 있어요?

   B 네, ...

Grammar Points

'N이/가 있어요' means that N is located or exists, while 'N이/가 없어요' means the opposite.
'N에' is used with 'N이/가 있어요' to show where N is located.

NEW WORDS 사무실 office

2 Look at the pictures below and complete each dialogue.

1. A 책이 어디에 있어요 ?
   B 의자 아래에 있어요 .

책

2. A .... ?
   B ....

약국

3. A .... ?
   B ....

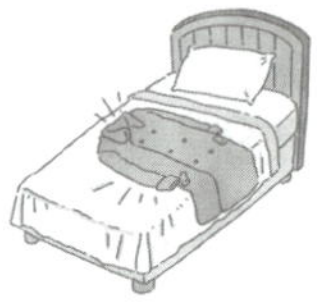

코트

4. A .... ?
   B ....

신문

5. A .... ?
   B ....

고양이

Grammar Points
Words that denote position such as '위, 아래, 앞, etc.' come after the noun that become the basis for the direction.

3 Look at the picture below and complete each dialogue.

1. A 은행이 몇 층에 있어요 ?
   B 일 층에 있어요 .
2. A 병원이 몇 층에 있어요?
   B ....
3. A .... ?
   B 삼 층에 있어요.
4. A 커피숍이 몇 층에 있어요?
   B ....

NEW WORDS 고양이 cat

4 Look at the pictures below and complete the sentences.

1. 2층으로 가세요.

2층

2. 이 비행기는 .... 가요.

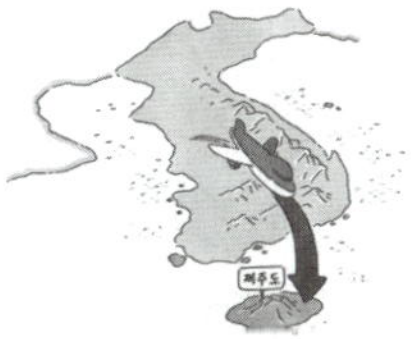

제주도

3. 이 지하철은 .... 가요.

인천

4. 친구가 .... 왔어요.

집

5. .... 가세요.

교실

6. .... 갈까요?

학교

Grammar Points

Used after a place noun, '(으)로' indicates the direction toward that place.

- nouns ending with a vowel + 로
- nouns ending with a consonant + 으로
- nouns ending with 'ㄹ' + 로

NEW WORDS			
비행기 airplane	제주도 Jeju Island	지하철 subway	인천 Incheon

⑤ Look at the pictures below and complete each dialogue.

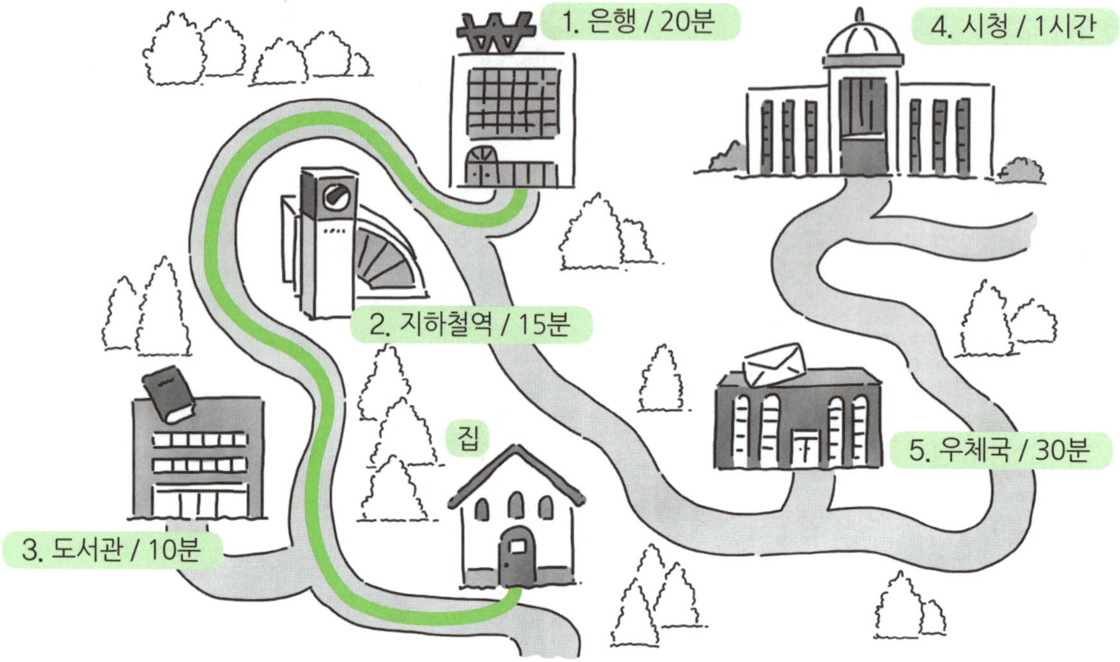

1. A 은행까지 얼마나 걸려요 ?
   B 이십 분 걸려요 .

2. A ____________ ?
   B ____________ .

3. A ____________ ?
   B ____________ .

4. A ____________ ?
   B ____________ .

5. A ____________ ?
   B ____________ .

Grammar Points
'까지' after a place noun means 'until the end of a certain range'.

Grammar Points
When talking about the time to do something, use '분' for minutes and '시간' for hours.

Comprehensive Exercise

1 Choose the correct one.

1. 저는 학생(이에요, 있어요).
2. 약국은 일 층에 (이에요, 있어요).
3. 책상 아래에 가방이 (예요, 있어요).
4. 이 사과는 하나에 천 원(이에요, 있어요).
5. 지금 몇 시(예요, 있어요)?
6. 이 근처에 화장실이 (이에요, 있어요)?

2 Find the most suitable question from the box below for each given response and fill in each blank.

· 얼마나 걸려요?
· 이 근처에 우체국이 있어요?
· 이 버스는 어디로 가요?
· 화장실이 어디에 있어요?
· 애니 씨는 어디에 있어요?
· 책이 어디에 있어요?

1. A 이 근처에 우체국이 있어요?
   B 아니요, 없어요.

2. A ______
   B 30분쯤 걸려요.

3. A ______
   B 가방 안에 있어요.

4. A ______
   B 학교에 갔어요.

5. A ______
   B 서울대학교로 가요.

❸ Read the following description and choose the correct picture.

우리 집 옆에 과일 가게가 있어요. 가게 옆에는 세탁소가 있어요. 약국은 세탁소 뒤에 있어요.
우리 집 근처에 공원이 있어요. 공원까지 5분쯤 걸려요.

①
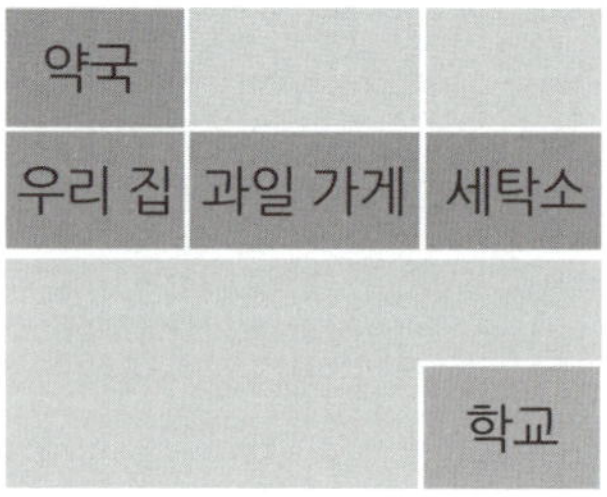

②
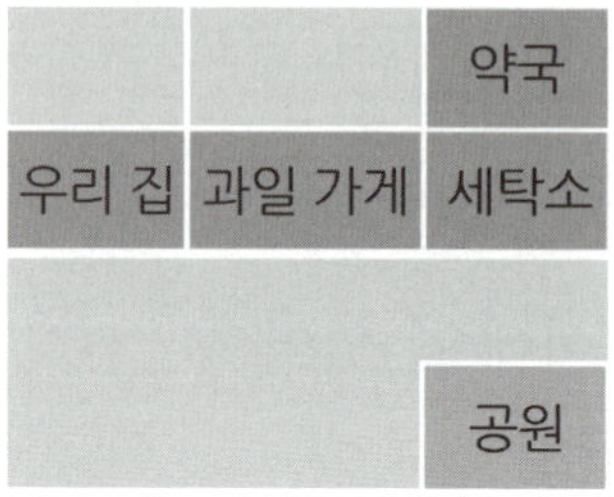

③
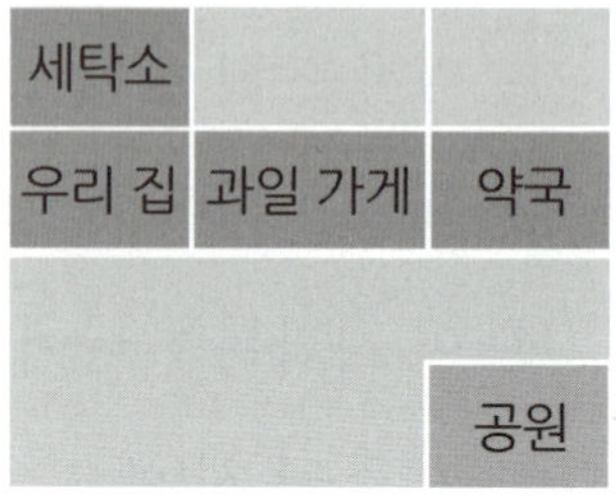

❹ Read the following and put the sentences in the correct order.

1. 십오 분쯤 걸려요.

2. 네, 있어요. 이쪽으로 쭉 가세요.

3. 고맙습니다.

4. 이 근처에 우체국이 있어요?

5. 우체국까지 얼마나 걸려요?

(4) – ( ) – ( ) – ( ) – ( )

❺ Look at the picture below and describe the room.

여기는 내 방이에요. ____________________

____

____

____

____

____

6 Listen to each question and choose the most appropriate response. 26

1. ① 아니요, 없어요. ② 구 층에 있어요. ③ 극장에서 영화를 봐요.
2. ① 네, 있어요. ② 소파 옆에 있어요. ③ 냉장고 안에 있어요.
3. ① 아니요, 안 가요. ② 네, 시청에 있어요. ③ 네, 시청으로 가세요.

7 Listen and write the number of the floor where each place is located. 27

극장 ( ) 층

식당 ( ) 층

병원 ( ) 층

은행 ( ) 층

커피숍 ( ) 층

8 Listen to the conversation and mark "O" if the statement is true and "X" if the statement is false. 28

1. 두 사람은 열두 시에 만나요. ( )
2. 사랑책방은 우체국 옆에 있어요. ( )

NEW WORDS 알다 to know

UNIT 9

전화 Phone Call

Vocabulary Exercise

❶ Connect the words on the left with the corresponding pictures.

1. 열다 • ―――――――――――――――― • ① 

2. 그리다 • • ② 

3. 닫다 • • ③ 

4. 만들다 • • ④ 

❷ Choose related words from the box and fill in the blanks.

저녁	케이크	직업	요즘	시장

생일
- 파티
- 선물
- 1. ....
- 노래

시간
- 주말
- 2. ....
- 3. ....
- 목요일

Grammar Exercise

1 Look at the pictures below and complete each dialogue.

1. A 애니 씨는 학생이지요 ?

   B 네, 학생이에요.

2. A 새빈 씨는 ______________ ?

   B 네, 한국 사람이에요.

3. A 미사코 씨 생일은 ______________ ?

   B 네, 수요일이에요.

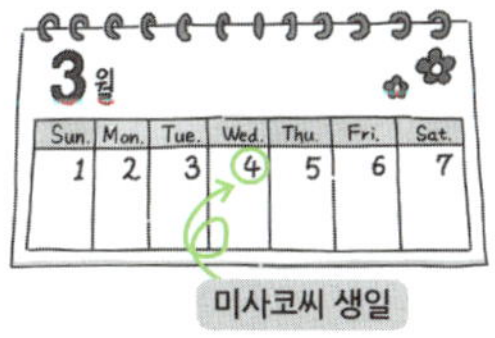

4. A 지금 ______________ ?

   B 네, 5시예요.

5. A 키샨 씨는 ______________ ?

   B 네, 요리사예요.

Grammar Points

'N–(이)지요?' and 'A/V–지요?' express either a) the speaker's strong conviction about a certain fact or state of affairs or b) that the fact or state of affairs referred to is something already known to both the speaker and listener.

- nouns ending with a vowel + –지요?
- nouns ending with a consonant + –이지요?

2 Look at the pictures below and complete each dialogue.

1. A 사람이 많지요 ?
   B 네, 많아요.

2. A 지하철이 __________ ?
   B 네, 복잡해요.

3. A 영화가 __________ ?
   B 네, 재미있어요.

4. A 내일 산에 __________ ?
   B 네, 가요.

5. A 요즘 한국어를 __________ ?
   B 네, 배워요.

3 Complete each dialogue.

1. A 날씨가 따뜻하지요 ? (날씨가 따뜻하다)
   B 네, 따뜻해요 . / 아니요, 안 따뜻해요 .

2. A __________ ? (피곤하다)
   B 아니요, __________ .

3. A __________ ? (이 옷이 싸다)
   B 네, __________ .

NEW WORDS 많다 a lot of

4. A ________________________? (녹차를 마시다)

B 아니요, ________________________.

5. A ________________________? (김치를 먹다)

B 아니요, ________________________.

4 Fill in the table using '–아/어 주세요'.

1. 가다	→	가 주세요
2. 오다	→	
3. 만들다	→	
4. 준비하다	→	
5. 기다리다	→	

Grammar Points

'–아/어 주세요' is a polite form of requesting for help, assistance, etc.

- verb stem's last vowels ending with 'ㅏ' or 'ㅗ' + –아 주세요
- verbs ending with '하다', 하다 → 해 주세요
- In all other cases, add '–어 주세요'

5 Look at the pictures below and complete the sentences.

1. 한국어를 가르쳐 주세요.  가르치다

2. 책을 ________________________.  읽다

3. 꽃을 ________________________.  사다

4. 문을 ________________________.  닫다

5. 창문을 ________________________.  열다

❻ Look at the pictures below and complete each dialogue.

1. A 지금 뭐 해요?

   B 밥을 먹고 있어요 .

밥, 먹다

2. A 지금 뭐 해요?

   B ______________ .

텔레비전, 보다

3. A 지금 뭐 해요?

   B ______________ .

편지, 쓰다

4. A 지금 뭐 해요?

   B ______________ .

책, 읽다

5. A 지금 뭐 해요?

   B ______________ .

커피, 마시다

Grammar Points
Adding '-고 있다' to a verb stem shows the action is in progress.

NEW WORDS 편지 letter

Comprehensive Exercise

1 Circle the correct one.

1. (케이크를, 케이크가) 만들어요.
2. (문이, 문을) 열어요.
3. (창문이, 창문을) 닫아요.
4. (시간이, 시간을) 없어요.
5. (지하철이, 지하철을) 복잡해요.

2 Complete the conversations using the appropriate words from the box.

실례지만	여보세요	받으세요	잠깐만	없어요

A 1. 여보세요 . 거기 애니 씨 집이지요?

B 네, 그런데요.

A 애니 씨 집에 있어요?

B 아니요, 지금 2. ________ .

A 거기 크리스 씨 집이지요?

B 네, 그런데요. 3. ________ 누구세요?

A 저는 애니예요. 크리스 씨 좀 바꿔 주세요.

B 네, 4. ________ 기다리세요.

* * *

B 크리스 씨, 전화 5. ________ .

③ Read the passage and answer the following questions.

> 애니 씨는 극장 앞에서 마이클 씨를 기다리고 있어요. 2시 30분이에요.
> 영화는 2시 50분에 시작해요. 마이클 씨가 전화를 했어요.
> "애니 씨, 미안해요. (   ) 좀 기다려 주세요."
> 2시 40분에 마이클 씨가 왔어요. 두 사람은 극장 안으로 들어갔어요.
> 2시 50분이에요. 이제 영화가 시작해요.

1. Mark "O" if the statement is true and "X" if the statement is false.
   1) 마이클 씨는 애니 씨를 기다렸어요. (   )
   2) 애니 씨는 마이클 씨 전화를 받았어요. (   )

2. Fill in the blank with an appropriate sentence.
   ① 알겠습니다.
   ② 얼마나 걸려요?
   ③ 지금 가고 있어요.

④ Listen carefully and choose the most appropriate response. 29

1.	① 네, 그런데요.	② 네, 알겠습니다.	③ 애니 씨 좀 바꿔 주세요.
2.	① 네, 그런데요.	② 저는 미사코예요.	③ 소피아 씨, 전화 받으세요.
3.	① 잠깐만 기다리세요.	② 네, 안녕히 계세요.	③ 거기 애니 씨 집이지요?

NEW WORDS 들어가다 to enter 이제 now 시작하다 to start

5 Listen and connect each person with the correct location and the activity. (30)

1. 재민 •	• ① 학교 •	• ⓐ 친구를 만나고 있어요.
2. 마이클 •	• ② 극장 앞 •	• ⓑ 그림을 그리고 있어요.
3. 애니 •	• ③ 집 •	• ⓒ 친구를 기다리고 있어요.
4. 미시코 •	• ④ 공원 •	• ⓓ 공부하고 있어요.

6 Listen to the conversation and mark "O" if the statement is true and "X" if the statement is false. (31)

1. 진수 씨가 전화를 받았어요. (   )
2. 두 사람은 오늘 저녁에 영화를 봐요. (   )

Listening Transcript 듣기 지문

UNIT 1 Hangeul p.9

Hangeul 1

5. 1. 아 2. 여 3. 오 4. 우 5. 이

Hangeul 2

6. 1. 나무 2. 다리 3. 호수 4. 바다 5. 라디오

Hangeul 3

5. 1. 도끼 2. 가짜 3. 치마 4. 코피 5. 도토리

Hangeul 4

5. 1. 바위 2. 사과 3. 의사 4. 귀마개 5. 추워요

Hangeul 5

5. 1. 앙 2. 악 3. 운 4. 옷

6. 1. 소문 2. 사탕 3. 언니 4. 공기 5. 토요일

UNIT 2 Greetings & Introductions p.30

4. Listen to each question and choose the most appropriate response.

1. 안녕하세요?
2. 로버트 씨는 학생이에요?
3. 이름이 뭐예요?

5. Listen and connect the number with the correct picture.

1. 키샤: 선생님, 안녕하세요?
   여자: 안녕하세요, 키샤 씨? 만나서 반가워요.
2. 여자: 안녕히 가세요, 마이클 씨.
   마이클: 안녕히 계세요, 선생님.
3. 남자: 미나 씨, 여기는 크리스 씨예요.
   크리스 씨, 여기는 미나 씨예요.
   미나: 안녕하세요, 크리스 씨? 저는 이미나예요.

6. Listen and connect each person with the correct picture.

1. 남자: 애니 씨는 학생이에요?
   애니: 네, 학생이에요.
2. 여자: 마이클 씨는 선생님이에요?
   마이클: 아니요, 요리사예요.
3. 남자: 미사코 씨는 회사원이에요?
   미사코: 네, 회사원이에요.
4. 여자: 로버트 씨는 연구원이에요?
   로버트: 아니요, 기자예요.
5. 남자: 양양 씨는 의사예요?
   양양: 네, 의사예요.

7. Listen and write down the information you hear.

수미: 안녕하세요?
마이클: 안녕하세요? 김수미 씨예요?
수미: 네, 저는 김수미예요. 이름이 뭐예요?
마이클: 저는 마이클 존슨이에요. 만나서 반가워요.
수미: 마이클 씨는 미국 사람이에요?
마이클: 아니요, 캐나다 사람이에요.
수미: 마이클 씨는 학생이에요?
마이클: 아니요, 선생님이에요.

UNIT 3 Restaurant p.38

6. Listen carefully and choose the most appropriate response.

1. 뭐 드릴까요?
2. 비빔밥하고 냉면 주세요.
3. 김치 좀 더 주세요.

7. Listen to the conversation and answer the following questions.

점원: 뭐 드릴까요?
손님: 냉면 둘 주세요.
점원: 네, 잠깐만 기다리세요.
***
손님: 여기요. 콜라 한 병 주세요.

UNIT 4 Shopping p.47

7. Listen to each question and choose the most appropriate response.

1. 몇 개예요?
2. 이거는 얼마예요?
3. 신문이 있어요?

8. Listen and write down the price of each item in numerals.

1. 바지는 삼만 팔천 원이에요.
2. 이 사전은 이만 육천 원이에요.
3. 빵은 하나에 천이백 원이에요.

9. Where does each conversation take place? Listen to the conversations and connect the number with the corresponding pictures.

1. 여자: 아저씨, 이 치마 얼마예요?
   남자: 오만 삼천 원이에요.
   여자: 너무 비싸요. 좀 깎아 주세요.
   남자: 오만 원 주세요.
2. 남자: 어서 오세요.
   여자: 오렌지 있어요?
   남자: 아니요, 없어요.
   여자: 사과 있어요?
   남자: 네, 여기 있어요.
3. 여자: 녹차 있어요?
   남자: 네, 있어요.
   여자: 녹차 한 잔 주세요.
   남자: 네, 잠깐만 기다리세요.

UNIT 5 Daily Life p.55

6. Listen to each question and choose the most appropriate response.

1. 어디에 가요?
2. 오늘 친구를 만나요?
3. 포도를 좋아해요?

7. Listen and connect each person with the correct picture.

1. 남자: 애니 씨, 지금 뭐 해요?
   애니: 한국어를 공부해요.
2. 남자: 미사코 씨, 지금 뭐 해요?
   미사코: 영화를 봐요.
3. 남자: 수지 씨, 지금 뭐 해요?
   수지: 공원에 가요.

8. Listen to the conversation and answer the following questions.

웨이: 크리스 씨, 오늘 뭐 해요?
크리스: 친구를 만나요. 웨이 씨는 오늘 학교에 가요?
웨이: 아니요, 안 가요.
크리스: 그럼 뭐 해요?
웨이: 태권도를 배워요.
크리스: 태권도가 재미있어요?
웨이: 네, 재미있어요.

UNIT 6 Time p.62

6. Listen to each dialogue and choose the correct picture.

1. 남자: 지금 몇 시예요?
   여자: 세 시예요.
2. 남자: 지금 몇 시예요?
   여자: 열 시예요.
3. 남자: 지금 몇 시예요?
   여자: 한 시 반이에요.
4. 남자: 지금 몇 시예요?
   여자: 여덟 시예요.
5. 남자: 지금 몇 시예요?
   여자: 여섯 시 오십오 분이에요.
6. 남자: 지금 몇 시예요?
   여자: 두 시 사십 분이에요.

Listening Transcript 듣기 지문

7. Listen to each dialogue and match with the correct picture.

1. 남자: 몇 시에 일어나요?
   여자: 여섯 시 반에 일어나요.

2. 남자: 몇 시에 밥을 먹어요?
   여자: 일곱 시 이십 분에 아침밥을 먹어요.

3. 남자: 몇 시에 회사에 가요?
   여자: 여덟 시 사십오 분에 회사에 가요.

4. 남자: 몇 시에 운동해요?
   여자: 저녁 아홉 시에 운동해요.

5. 남자: 몇 시에 자요?
   여자: 열한 시쯤에 자요.

8. Listen carefully and check the correct answer.

1. 지금 몇 시예요?
2. 무슨 요일에 태권도를 배워요?
3. 토요일에도 회사에 가요?
4. 오늘 뭐 해요?
5. 몇 시에 일어나요?

UNIT 7 Appointment p.71

6. Listen and check the date as shown in the example.

1. 남자: 오늘이 며칠이에요?
   여자: 3월 12일이에요.

2. 남자: 오늘이 며칠이에요?
   여자: 7월 26일이에요.

3. 남자: 생일이 언제예요?
   여자: 제 생일은 6월 8일이에요.

4. 남자: 생일이 언제예요?
   여자: 10월 30일이에요.

5. 남자: 언제 시험을 봐요?
   여자: 4월 11일에 봐요.

6. 남자: 언제 영국에 가요?
   여자: 5월 10일에 가요.

7. Listen and connect each number with the correct place.

1. 여자: 어디에서 생일 파티를 했어요?
   남자: 커피숍에서 생일 파티를 했어요.

2. 여자: 어디에서 책을 읽었어요?
   남자: 공원에서 책을 읽었어요.

3. 여자: 어디에서 밥을 먹었어요?
   남자: 집에서 밥을 먹었어요.

4. 여자: 어디에서 친구를 만났어요?
   남자: 도서관에서 친구를 만났어요.

5. 여자: 어디에서 일했어요?
   남자: 병원에서 일했어요.

8. The following is Mina's diary. Listen and write down her schedule.

1. 미나: 재민 씨, 수요일 오후에 시간 있어요?
   재민: 네, 시간 있어요. 왜요?
   미나: 제가 11시에 시험이 있어요. 우리 4시에 만날까요?
   재민: 좋아요. 4시에 만나요.
   미나: 미안해요.
   재민: 아니에요. 시험 잘 보세요.

2. 마이클: 미나 씨, 토요일에 시간 있어요?
   미나: 미안해요, 마이클 씨. 토요일에는 약속이 있어요.
   마이클: 그럼 일요일은 어때요?
   미나: 일요일은 괜찮아요.
   마이클: 그럼 우리 영화 볼까요?
   미나: 좋아요. 무슨 영화를 볼까요?
   마이클: '약속' 어때요?
   미나: 좋아요. 몇 시에 만날까요?
   마이클: 3시에 극장 앞에서 만나요.
   미나: 좋아요.

UNIT 8 Locations & Directions p.79

6. Listen to each question and choose the most appropriate response.

1. 극장이 몇 층에 있어요?
2. 냉장고가 어디에 있어요?
3. 이 버스는 시청으로 가요?

7. Listen and write the number of the floor where each place is located.

여자: 은행이 몇 층에 있어요?
남자: 일 층에 있어요.
여자: 극장이 사 층에 있어요?
남자: 아니요, 삼 층에 있어요.
여자: 병원이 몇 층에 있어요?
남자: 이 층에 있어요.
여자: 식당이 사 층에 있어요?
남자: 네, 사 층에 있어요.
여자: 커피숍은 몇 층에 있어요?
남자: 오 층에 있어요.

8. Listen to the conversation and mark "O" if the statement is true and "X" if the statement is false.

남자: 애니 씨, 토요일에 시간 있어요?
애니: 네, 있어요.
남자: 그럼 우리 점심 먹을까요?
애니: 좋아요. 몇 시에 어디에서 만날까요?
남자: 열두 시에 사랑책방 앞에서 만나요.
애니: 사랑책방요? 사랑책방이 어디에 있어요?
남자: 서울우체국 알아요?
애니: 네, 알아요.
남자: 책방은 우체국 뒤에 있어요.
애니: 네, 그럼 열두 시에 사랑책방 앞에서 봐요.

UNIT 9 Phone Call p.86

4. Listen carefully and choose the most appropriate response.

1. 여보세요. 거기 애니 씨 집이지요?
2. 실례지만 누구세요?
3. 재민 씨 좀 바꿔 주세요.

5. Listen and connect each person with the correct location and the activity.

1. 여자: 재민 씨, 지금 어디예요?
재민: 지금 집에서 공부하고 있어요.

2. 여자: 마이클 씨, 지금 어디예요? 뭐 하고 있어요?
마이클: 학교예요. 친구를 만나고 있어요.

3. 남자: 애니 씨, 지금 어디예요?
애니: 공원이에요. 그림 그리고 있어요.

4. 남자: 미사코 씨, 지금 뭐 해요?
미사코: 극장 앞에서 친구를 기다리고 있어요.

6. Listen to the conversation and mark "O" if the statement is true and "X" if the statement is false.

진수: 여보세요? 거기 미영 씨 집이지요?
애니: 네, 그런데요.
진수: 미영 씨 좀 바꿔 주세요.
애니: 잠깐만 기다리세요.
***
미영: 여보세요?
진수: 미영 씨, 저 진수예요. 내일 영화 볼까요?
미영: 좋아요. 저녁에 시간 있어요.
진수: 그럼 내일 7시에 서울극장에서 만나요.
미영: 네. 내일 만나요.

UNIT 1 Hangeul p.8

Hangeul 1

5. 1. 아 2. 여 3. 오 4. 우 5. 이

6. 1.

이	으	야	요	아
으	어	여	이	야
우	아	으	유	요
유	야	어	오	이

2.

유	아	오	요	으
야	어	으	이	여
아	오	유	어	우
어	우	요	오	야

Hangeul 2

6. 1. 나무 2. 다리 3. 호수 4. 바다 5. 라디오

7.

비	나	너	어	가	사	즈
바	여	무	아	호	구	라
구	죠	기	자	바	지	오
두	보	이	슈	두	수	버

Hangeul 3

5. 1. 도끼 2. 가짜 3. 치마 4. 코피 5. 도토리

6.

쿠	마	타	까	호	꼬	뿌
파	커	부	도	치	쓰	리
미	피	기	피	아	노	오
두	보	파	슈	쁘	수	씨

Hangeul 4

5. 1. 바위 2. 사과 3. 의사 4. 귀마개 5. 추워요

6.

쿠	게	재	도	시	놔	보
다	회	사	키	웨	계	프
미	래	쥬	이	모	이	위
뉘	애	터	슈	쁘	개	미

Hangeul 5

5.
1. 중 손 공 달 문
2. 강 밖 학 삽 잎
3. 신 박 샘 논 몸
4. 입 곳 밭 짚 닻

6. 1. 소문 2. 사탕 3. 언니 4. 공기 5. 토요일

7. 1.

지	바	실	란	노	통	종	키
친	붕	통	사	상	조	나	은
말	솔	막	공	책	몰	랑	무
소	니	돌	까	도	베	포	잡

2.

장	밥	빈	도	몸	그	종	신	홍	토	미
박	통	서	토	뭐	티	왠	바	람	추	선
살	관	라	상	미	콕	미	들	서	쿠	비
잔	동	용	하	눈	물	유	각	관	고	부

UNIT 2 Greetings & Introductions p.24

Vocabulary Exercise

1. 2. ① 3. ③ 4. ④

2. 2. 전화 3. 사람 4. 이름 5. 은행원 6. 요리사

Grammar Exercise

1. 2. ② 3. ② 4. ① 5. ②

2. 2. 은 3. 은 4. 는 5. 은 6. 는

3. 2. 크리스예요, 선생님이에요
3. 김재민이에요, 회사원이에요
4. 미사코예요, 간호사예요
5. 키샨이에요, 요리사예요

4. 2. 안나 씨예요, 요리사예요
3. 마이클 씨예요, 기자예요
4. 웨이 씨예요, 은행원이에요
5. 수미 씨예요, 회사원이에요

5. 2. 인도 사람이에요
3. 간호사예요
4. 은행원이에요
5. 회사원이에요

6. 2. 네, 중국 사람이에요
네, 은행원이에요
3. 아니요, 프랑스 사람이에요
아니요, 요리사예요
4. 아니요, 한국 사람이에요
아니요, 회사원이에요
5. 네, 일본 사람이에요
네, 은행원이에요

Comprehensive Exercise

1. 2. 는, 예요
3. 는, 예요
4. 은, 예요
5. 은, 이에요

2. 2. 크리스 씨는 선생님이에요
3. 여기는 김새빈 씨예요

3. 2. 아니요, 회사원이에요
3. 아니요, 영국 사람이에요
4. 네, 선생님이에요

4. 1. ① 2. ③ 3. ①

5. 1. ② 2. ③ 3. ①

6. 1. ③ 2. ④ 3. ② 4. ⑤ 5. ①

7. 캐나다, 선생님

UNIT 3 Restaurant p.32

Vocabulary Exercise

1. 2. 라면 3. 김밥 4. 불고기

2. 2. 오렌지 주스 3. 콜라 4. 녹차 5. 커피

Grammar Exercise

1. 2. 일하세요 3. 읽으세요 4. 앉으세요 5. 보세요

2. 2. 물 주세요 3. 커피 주세요 4. 숟가락 주세요
5. 젓가락 주세요

3. 2. 두 3. 세 4. 네 5. 여섯 6. 일곱 7. 열

4. 2. 우유 세 잔 3. 빵 두 개 4. 콜라 네 병
5. 햄버거 여섯 개

5. 2. 햄버거 두 개하고 콜라 두 잔
3. 빵 다섯 개하고 주스 세 병
4. 녹차 네 잔하고 우유 한 잔
5. 사과 여섯 개하고 오렌지 열 개

Comprehensive Exercise

1. 1. 사과 하나 주세요
2. 김치 좀 더 주세요
3. 주스 한 잔 주세요

2. 여기요, 좀

3. (4) - (2) - (1) - (3) - (5)

4. 1. ③ 2. ② 3. ⑤ 4. ① 5. ④

5. 〈모범 답안〉
1. 커피 한 잔 주세요.
2. 사과 주스 한 잔 주세요.
3. 네, 잠깐만 기다리세요.

6. 1. ② 2. ③ 3. ③

7. 1. ② 2. ③

UNIT 4 Shopping p.40

Vocabulary Exercise

1. 2. ④ 3. ⑤ 4. ② 5. ①

2.

1 치	즈		2 하	
마		3 바	나	나
		지		
4 우	산		5 사	과
유			전	

3.

1	2	3	4	5	6	7	8
일	이	삼	사	오	육	칠	팔

9	10	100	1000	10,000
구	십	백	천	만

Grammar Exercise

1. 2. 가 3. 가 4. 이 5. 이 6. 가

2. 2. 연필이 있어요, 있어요
3. 사전이 있어요, 없어요
4. 시계가 있어요, 있어요
5. 휴대 전화가 있어요, 없어요

3. 2. 이거 3. 그거 4. 저거

4. 2. 네, 구두예요
3. 아니요, 바지예요
4. 네, 가방이에요
5. 아니요, 사전이에요

5. 2. 이거는 뭐예요, 김밥이에요
3. 이거는 뭐예요, 커피예요
4. 이거는 뭐예요, 명함이에요
5. 이거는 뭐예요, 휴대 전화예요

6. 2. 삼천칠백 3. 이천오백 4. 만 육천 5. 사만 구천

7. 2. 이 신문 얼마예요, 칠백 원이에요
3. 이 볼펜 얼마예요, 이천 원이에요
4. 이 담배 얼마예요, 삼천 원이에요
5. 이 바지 얼마예요, 삼만 사천 원이에요

8. 2. 저 치마는 얼마예요, 육만 원이에요
3. 저 가방은 얼마예요, 사만 원이에요
4. 저 구두는 얼마예요, 칠만 삼천 원이에요
5. 저 카메라는 얼마예요, 구만 구천 원이에요

Comprehensive Exercise

1. 1. 모두 오만 이천 원이에요
2. 저 사람은 마이클 씨예요
3. 그 볼펜은 오백 원이에요
4. 이 연필 한 개 주세요
5. 사과 한 개에 얼마예요

2. 2. O 3. X 4. X 5. O 6. X

3. 2. 한 개, 구백 원이에요
   3. 한 잔, 삼천 원이에요
   4. 한 병, 이천칠백 원이에요

4. 1. ③ 2. ② 3. ①

5. 2. 삼만 원이에요.
   3. 아니요, 책이에요.
   4. 이만 원이에요.
   5. 네, 저거는 한국어 책이에요.

6. (2) - (4) - (3) - (5) - (1)

7. 1. ① 2. ③ 3. ①

8. 1. 38,000 2. 26,000 3. 1,200

9. 1. ③ 2. ② 3. ①

UNIT 5 Daily Life p.48

Vocabulary Exercise

1. 2. ③ 3. ② 4. ① 5. ⑤

2. 2. 영화 3. 친구 4. 고기 5. 날씨 6. 태권도

3. 2. ③ 3. ④ 4. ⑤ 5. ①

Grammar Exercise

1. 2. 먹어요 3. 좋아해요 4. 읽어요
   5. 싸요 6. 봐요 7. 재미있어요
   8. 마셔요 9. 배워요 10. 따뜻해요

2. 2. 을 3. 을 4. 를 5. 를

3. 2. 운동을 해요
   3. 신문을 읽어요
   4. 커피를 마셔요

4. 2. 책을 읽어요
   3. 영어를 가르쳐요
   4. 텔레비전을 봐요
   5. 청소를 해요

5. 2. 병원에 가요
   3. 시장에 가요
   4. 공원에 가요
   5. 학교에 가요

6. 2. 아니요, 안 만나요
   3. 아니요, 안 배워요
   4. 아니요, 안 사요
   5. 아니요, 공부 안 해요

7. 2. 이 재미있어요
   3. 가 맛있어요
   4. 가 좋아요
   5. 이 복잡해요

8. 2. 영어를 가르쳐요, 그리고 친구를 만나요
   3. 청소해요, 그리고 커피를 마셔요
   4. 밥을 먹어요, 그리고 쉬어요
   5. 책을 읽어요, 그리고 운동해요

Comprehensive Exercise

1. 2. 을 3. 를 4. 가 5. 를 6. 에

2. 2. ⑤ 3. ② 4. ① 5. ③

3. 2. 배워요 3. 재미있어요 4. 가요 5. 읽어요 6. 봐요

4. 1. X 2. X 3. X 4. O

5. <모범 답안>
   호주 사람이에요, 태권도를 배워요,
   여자 친구를 만나요, 영화를 봐요, 재미있어요

6. 1. ② 2. ③ 3. ②

7. 1. ③ 2. ② 3. ①

8. 1. 친구를 만나요
2. 태권도를 배워요

UNIT 6 Time p.56

Vocabulary Exercise

1. 1. 월요일 2. 화요일 3. 목요일 4. 금요일 5. 토요일

2. 2. ③ 3. ① 4. ④ 5. ②

Grammar Exercise

1. 2. 열두 시 이십 분이에요
3. 여섯 시 십오 분이에요
4. 여덟 시예요
5. 세 시 삼십 분이에요 / 세 시 반이에요

2. 2. 목요일이에요
3. 금요일이에요

3. 2. 다섯 시 십오 분에 만나요
3. 두 시에 수영을 배워요
4. 일곱 시 삼십 분에 영어를 가르쳐요
/ 일곱 시 반에 영어를 가르쳐요
5. 열 시 이십 분에 집에 가요

4. 2. 금요일에 태권도를 배워요
3. 토요일에 영화를 봐요
4. 화요일에 병원에 가요
5. 월요일하고 목요일에 한국어를 공부해요

5. 2. 비싸지만 맛있어요
3. 복잡하지만 싸요
4. 싸지만 맛없어요
5. 힘들지만 재미있어요

Comprehensive Exercise

1. 2. 몇 3. 무슨 4. 몇 5. 무슨 6. 뭐

2. 2. 지금 몇 시예요
3. 화요일에 뭐 해요
4. 몇 시에 밥을 먹어요
5. 오늘은 어디에 가요

3. (4) - (6) - (3) - (2) - (5) - (1)

4. 2. T 3. F 4. T 5. F 6. F

5. <모범 답안>
일곱 시 삼십 분에 아침을 먹어요. 아홉 시에 일해요. 그리고 일곱 시에 친구를 만나요. 아홉 시에 공부해요. 열 시에 텔레비전을 봐요. 열 시 반에 샤워해요.

6. 1. ① 2. ① 3. ② 4. ① 5. ① 6. ②

7. 1. ② 2. ④ 3. ⑤ 4. ③ 5. ①

8. 1. 두 시예요.
2. 화요일에 배워요.
3. 네, 토요일에도 가요.
4. 오늘은 친구를 만나요.
5. 여섯 시쯤에 일어나요.

UNIT 7 Appointment p.64

Vocabulary Exercise

1. 2. ③ 3. ④ 4. ① 5. ⑤

2. 2. ① 3. ②

3.

1 시	간		2 태	권	3 도
험					서
			4 요		관
			리		
5 일	본		6 사	과	
요		8 공			9 책
일		책		7 가	방

Grammar Exercise

1. 2. 만날까요 3. 볼까요 4. 읽을까요 5. 먹을까요

2. 2. 일월 일 일이에요
3. 십이월 이십오 일이에요
4. 유월 십 일이에요

3. 2. 구월 칠 일이에요
3. 구월 구 일이에요
4. 구월 십필 일이에요
5. 구월 이십육 일이에요

4. 2. 공부했어요
3. 만났어요
4. 운동했어요
5. 마셨어요
6. 읽었어요
7. 배웠어요
8. 봤어요
9. 가르쳤어요
10. 왔어요

5. 2. 텔레비전을 봤어요
3. 수영했어요
4. 산에 갔어요
5. 커피를 마셨어요

Comprehensive Exercise

1. 1. 에 2. 에 3. 에, 에서 4. 에 5. 에서

2. 1. ④ 2. ③ 3. ① 4. ② 5. ⑤

3. 2. 사과 네 개 주세요
3. 이 빵은 오백 원이에요
4. 여덟 시 삼십 분에 만날까요
5. 오늘은 시월 칠 일이에요

4. (5) - (2) - (3) - (1) - (6) - (4)

5. 1. F 2. T 3. F 4. F 5. F

6. 2.

7월

일	월	화	수	목	금	토
		1	2	3	4	5
6	7	8	9	10	11	12
13	14	15	16	17	18	19
20	21	22	23	24	25	**26**
27	28	29	30	31		

3.

6월

일	월	화	수	목	금	토
		1	2	3	4	5
6	7	**8**	9	10	11	12
13	14	15	16	17	18	19
20	21	22	23	24	25	26
27	28	29	30			

4.

10월

일	월	화	수	목	금	토
		1	2	3	4	5
6	7	8	9	10	11	12
13	14	15	16	17	18	19
20	21	22	23	24	25	26
27	28	29	**30**	31		

5.

4월

일	월	화	수	목	금	토
		1	2	3	4	5
6	7	8	9	10	**11**	12
13	14	15	16	17	18	19
20	21	22	23	24	25	26
27	28	29	30			

6.

5월

일	월	화	수	목	금	토
		1	2	3	4	5
6	7	8	9	**10**	11	12
13	14	15	16	17	18	19
20	21	22	23	24	25	26
27	28	29	30	31		

7. 1. ① 2. ③ 3. ⑤ 4. ④ 5. ②

8. 1. 4
2. 3, 극장 앞

UNIT 8 Locations & Directions p.72

Vocabulary Exercise

1. 2. 냉장고 3. 옷장 4. 의자 5. 침대

2. 2. 은행 3. 시계 4. 가게 5. 생선

3. 2. 옆 3. 뒤 4. 안 5. 앞 6. 아래

Answer Key 해답

Grammar Exercise

1. 2. 집에 컴퓨터가 있어요
3. 방에 냉장고가 없어요
4. 사무실에 소파가 없어요
5. 냉장고에 우유가 있어요

2. 2. 약국이 어디에 있어요, 병원 옆에 있어요
3. 코트가 어디에 있어요, 침대 위에 있어요
4. 신문이 어디에 있어요, 가방 안에 있어요
5. 고양이가 어디에 있어요, 소파 뒤에 있어요

3. 2. 이 층에 있어요
3. 식당이 몇 층에 있어요
4. 사 층에 있어요

4. 2. 제주도로 3. 인천으로 4. 집으로
5. 교실로 6. 학교로

5. 2. 지하철역까지 얼마나 걸려요, 십오 분 걸려요
3. 도서관까지 얼마나 걸려요, 십 분 걸려요
4. 시청까지 얼마나 걸려요, 한 시간 걸려요
5. 우체국까지 얼마나 걸려요, 삼십 분 걸려요

Comprehensive Exercise

1. 2. 있어요 3. 있어요 4. 이에요 5. 예요 6. 있어요

2. 2. 얼마나 걸려요?
3. 책이 어디에 있어요?
4. 애니 씨는 어디에 있어요?
5. 이 버스는 어디로 가요?

3. ②

4. (4) - (2) - (5) - (1) - (3)

5. <모범 답안>
내 방에 책상하고 옷장하고 냉장고가 있어요. 책상 위에 컴퓨터가 있어요. 컴퓨터 옆에 책이 많이 있어요. 책상 옆에 옷장이 있어요. 옷장 안에는 코트가 있어요. 라디오는 냉장고 위에 있어요.

6. 1. ② 2. ② 3. ①

7. 극장 (3)층, 식당 (4)층, 병원 (2)층, 은행 (1)층, 커피숍 (5)층

8. 1. O 2. X

UNIT 9 Phone Call p.80

Vocabulary Exercise

1. 2. ④ 3. ③ 4. ②

2. 1. 케이크 2. 요즘 3. 저녁

Grammar Exercise

1. 2. 한국 사람이지요
3. 수요일이지요
4. 5시지요
5. 요리사지요

2. 2. 복잡하지요
3. 재미있지요
4. 가지요
5. 배우지요

3. 2. 피곤하지요, 안 피곤해요
3. 이 옷이 싸지요, 싸요
4. 녹차를 마시지요, 안 마셔요
5. 김치를 먹지요, 안 먹어요

4. 2. 와 주세요
3. 만들어 주세요
4. 준비해 주세요
5. 기다려 주세요

5. 2. 읽어 주세요
3. 사 주세요
4. 닫아 주세요
5. 열어 주세요

6. 2. 텔레비전을 보고 있어요
3. 편지를 쓰고 있어요
4. 책을 읽고 있어요
5. 커피를 마시고 있어요

Comprehensive Exercise

1. 2. 문을 3. 창문을 4. 시간이 5. 지하철이

2. 2. 없어요 3. 실례지만 4. 잠깐만 5. 받으세요

3. 1. 1) X 2) O
2. ③

4. 1. ① 2. ② 3. ①

5. 1. ③, ⓓ 2. ①, ⓐ 3. ④, ⓑ 4. ②, ⓒ

6. 1. X 2. X

집필위원

장은아 고려대학교 교육학과 박사
서울대학교 언어교육원 한국어교육센터 대우조교수

김은아 서울대학교 외국어교육과 박사과정 수료
서울대학교 언어교육원 한국어교육센터 대우조교수

채숙희 서울대학교 국어국문학과 박사
서울시립대학교 국제교육원 객원교수

남수경 서울대학교 국어국문학과 박사
서울대학교 인문학연구원 선임연구원

번역위원

이소영 San Francisco State University M.A, Instructional Technologies
서울대학교 언어교육원 한국어교육센터 전임강사

Active Korean 1 **Workbook**

지은이	서울대학교 언어교육원
기획/편집	도현정, 윤여선, 임슬기
발행처	(주)투판즈
주소	서울시 강남구 논현로 303
전화	(02)2140-2500
팩스	(02)2140-2599
인터넷 주소	www.twoponds.co.kr
등록	1980년 10월 7일 제2004-000086호
초판 1쇄	2010년 6월 1일
34쇄	2025년 9월 1일

「이 도서의 국립중앙도서관 출판시도서목록(CIP)은
e-CIP 홈페이지(http://www.nl.go.kr/ecip)에서 이용하실 수 있습니다.
(CIP제어번호: CIP2010001907)」